# 丛书编委会

刘咸炘

欧阳祯人 著

大家精要

陕西师范大学出版总社

Liu Xianxin

图书代号 **SK16N1489**

**图书在版编目（CIP）数据**

刘咸炘/欧阳祯人著. —西安：陕西师范大学出版总社有限公司，2017.1（2024.1重印）

（大家精要）

ISBN 978-7-5613-8890-7

Ⅰ.①刘… Ⅱ.①欧… Ⅲ.①刘咸炘（1896—1932）—传记 Ⅳ.①K825.4

中国版本图书馆CIP数据核字（2017）第002300号

# 刘咸炘 LIU XIANXIN

欧阳祯人 著

| | | |
|---|---|---|
| 责任编辑 | 宋媛媛 | |
| 责任校对 | 张 佩 | |
| 封面设计 | 张潇伊 | |
| 出版发行 | 陕西师范大学出版总社 | |
| | （西安市长安南路199号　邮编 710062） | |
| 网　　址 | http://www.snupg.com | |
| 印　　制 | 永清县晔盛亚胶印有限公司 | |
| 开　　本 | 650 mm×930 mm　1/16 | |
| 印　　张 | 10 | |
| 字　　数 | 100千 | |
| 版　　次 | 2017年1月第1版 | |
| 印　　次 | 2024年1月第2次印刷 | |
| 书　　号 | ISBN 978-7-5613-8890-7 | |
| 定　　价 | 45.00元 | |

读者购书、书店添货或发现印刷装订问题，请与本公司销售部联系、调换。

电话：（029）85303879　　传真：（029）85307864　85303629

# 目　录

# 引　言

　　刘咸炘，字鉴泉，别号宥斋，生于 1896 年，卒于 1932 年。成都双流人，家世业儒，在历史学、哲学、文学理论、道教、校雠学、诗歌创作、书法艺术和国学教育等方面都有重要的成就。为成都大学、四川大学教授，与著名学者蒙文通、唐迪风（唐君毅之父）、"五四"时期著名诗人吴芳吉等为知交。著名学者陈寅恪、梁漱溟、柳诒徵、钱穆、张孟劬、张舜徽、王利器、萧萐父、庞朴、吴天墀、蒙默、王泛森等都曾高度评价过刘咸炘的学术成就。由于近现代以来，文化的主流是救亡，是启蒙，学术的主流是科学民主和进化论的潮流。于是，刘咸炘之归依于老子、孔子、孟子，捍卫中国文化精神而撰写的数百部著作，就边缘化为一种低沉的声音，数十年来，几乎被人彻底忘却。但是，随着时代前进的步伐向多元方向的推进，刘咸炘，这样一位九十多年来珠沉大泽而湮没无闻的思想家，随着中国文化的当代崛起，而再次回归到我们的视野，近些年来逐步成为学术界关注的对象。

# 第 1 章

## 家世与成长环境

　　刘咸炘祖籍湖北麻城刘家沟。其始祖刘朏忱早在张献忠荼毒四川之前，就移民四川眉州高埂子，后来又迁徙温江，其后又迁居成都双流。所以，刘咸炘的籍贯就是四川双流。据史载，元末明初，一直到清代中叶，湖北麻城一带的居民向四川、重庆连续大量移民，两地是中国当时著名的移民集散地。历来川鄂一带有民间谚语曰："江西填湖广，湖广填四川，麻城过一半。"麻城人移民四川，前后由三批组成：一是元代末年随明玉珍入川的军人及家属；二是明代初年入川的麻城土著；三是江西移民在湖北居住数年或者数代之后入川。

　　由于刘朏忱本来在湖北麻城时就是廪膳生员出身（廪膳生员，科举制度中生员名目之一。明府、州、县学生员最初每月都给廪膳，补助生活。名额有定数，明初府学四十人，州学三十人，县学二十人，每人月给廪米六斗。清沿其制，经岁、科两试一等前列者，方能取得廪膳生员名义），故而，他来四川之后以授徒讲学为业，躬耕修德，诗书传家。刘氏一族，迁徙移民而来，加之当时兵荒马乱，刘棐忱的儿子刘宇舟，孙子刘坤，均少有大志。躬耕苦读，磨砺心志的同时还兼习武事。刘坤还亲自聚众在长州阻水为营，与张献忠的部队作战。由于战败，刘坤奋力夺伐，亡命山泽，备历艰辛。可见刘咸炘在四川的祖辈们都是一些有社会责任感，敢于担当的人。

刘咸炘的祖父叫刘止唐，对刘咸炘的影响是最大的。刘止唐的曾祖父叫刘嘉珍。刘嘉珍自幼身体羸弱多病，但是每天手不释卷，自甘淡泊，专心于文史典籍，风雨不辍，遂积劳成疾，38 岁就去世了。此人宠辱不惊，专心学术，有颜渊"一箪食，一瓢饮，在陋巷"的境界。刘止唐的祖父叫刘汉鼎，字君谟，精通易学。据刘止唐所著《刘氏族谱》云："君谟公至孝，喜读《易》，兼习文艺武事，于是遂为瞿上望族。""作《易蕴发明》一书，为人窃去。嗣欲补辑，而适患毒疮，遂卒。先君子犹记其一二以训沅等。有云：'乾坤坎离，是一是二。乾坤在天地之初，阳健阴顺，即是太极之体。乾坤在坎离之后，阳施阴育，即是太极之用。先天后天，止一太极。理、气、象、数，绎之万端，括之浑然。'其语至精，惜不复睹其全书矣。"根据上面有关《易经》的表述，我们可以知道，刘汉鼎的易学修养，上承周敦颐和邵雍，融会贯通，独具慧眼而自成一家。

刘止唐的父亲刘汝钦（1730~1789），号金华子，继承和发展了刘汉鼎的先天易学。刘汝钦有诗句曰："百城坐拥耽风月，万里空怀怅草茅。"可见此人胸有大志，但是壮志未遂。不过他敬德修业，成就灿然。清《国史馆本传》称："父汝钦，精易学，洞澈性理，谓河出图，洛出书，圣人则天，实天启圣人以明道化，不仅在数术也。伏羲主乾南坤北，文王主离南坎北，即先天后天所由分。且连山首艮，归藏首坤，艮止坤藏之义，即大学止至善、中庸致中和之学、文王之缉熙敬止、成王之基命宥密，胥不外此。"把《大学》《中庸》与易学联系起来，在易学的发展之中寻求异同，在卦象之中寻求哲理，在数术之中探究世界的本质，应该是汝钦易学的特点。刘汝钦"为文不喜浮词，作诗亦恶雕琢"，对刘咸炘的文学思想以及诗歌创作，也有深远的影响。

刘汝钦继承刘汉鼎的易学，对刘止唐产生了深远的影响，并且由此而影响了刘咸炘。刘氏一门在周易研究方面有专门的贡献，值得深入研究。尤其值得注意的是，刘汝钦懂医学，他能够把中国哲学与医学的运用结合起来，深究医学的哲理。这一点对刘止唐影响很大。因而到了刘止唐就有医学的专著《性命微言》《医理大概约说》《医法追源说》等传世（均收在刘止唐的《槐轩全书》之中）。在《推十书》中，刘咸炘撰写了《医喻》《左右》《同异》《流风》《冷热》等纲领性的文章，把中国医学的哲理引入人文社会科学之中，对他纠正中国古代经学研究的偏颇与失误，建构中国文化现代转型的框架产生了重大的作用。没有祖辈的草蛇灰线、千里伏脉的努力与钻研，刘咸炘的学术成就与贡献是不会从天上突然掉下来的。

刘汝钦善于培养孩子。乾隆五十四年（1789），刘止唐考中拔贡（科举制度中由地方贡入国子监的生员之一种。清制，初定六年一次，乾隆中改为十二年一次，每府学二名，州、县学各一名，由各省学政从生员中考选，保送入京，作为拔贡。经过朝考合格，可充任京官、知县或教职）。乾隆五十七年秋，考中举人。时年25岁。嘉庆元年（1796），刘止唐的哥哥刘芳皋在北京考中三甲第六十六名进士（本科状元为赵朴初之先祖赵文楷），授翰林院庶吉士（三年后任工部主事、广西直隶郁林州知州）。这在当时的西蜀四川，是不得了的事情。刘汝钦好义轻财，好结交读书人，所以家里越来越贫穷。加上怀才不遇，47岁就英年早逝了。

刘止唐在其《刘氏族谱》中写道，刘汝钦去世以后，刘芳皋还只是一位诸生，刘止唐才考过明经。刘止唐的母亲从此以后管理家庭的各种事务，而且还直接管理刘芳皋、刘止唐兄弟的学习，里里外外一把手，比父亲、比老师都要严格，由是而积劳成疾：

　　敬五公（刘汝钦）没，沅甫举明经，兄方诸生。母督以文行，严于父师。以积劳，晚多嗽疾。沅兄丙辰成进士入词馆，而沅不第归里，欲再举。母曰："程伊川不云乎：'以禄养何如以善养。'尔兄幸备员于朝，尔其束身励行，善训诱后进，吾亦得有膝下之依，何必一第始荣乎？"沅自京归时悟野云老人，告沅心易之学。母悦曰："吾幼嗜此书而弗通其义，今云叟此言实天地之至理，人道之当然。曷可浅尝置之？"沅谨遵。母本多疾，既而释然豁然，神明爽健，私心窃喜。可祝期颐矣。

刘氏一族，历代子孙在娶媳妇的时候，找的都是刘门弟子的家人。所以，他们彼此之间不仅是通家之好，而且非常有修养。刘止唐的母亲就是一位知书达礼，非常有修养的慈母。在夫君去世之后，独自挑起了教育孩子的责任，不畏多病之身，尽心尽力。

刘咸炘的父亲叫刘梖文，又名通微，字子维，是刘止唐的第六个儿子。其《墓志铭》曰："殚心大道，浮云世务，初弗纷纭。然体羸善病，强艾而后渐诣。充实光辉之功，门人日益进。传授性学二十余年，口讲指画，憒憒忘寒暑。居恒兀坐斗室。恍喻幽明死生，若庄子所谓其神凝使物不疵疠而年谷熟者。晚年多阐述三教一源之理。下笔辄数千百言，精诚之至，鬼神来告，不诬也。"由此可见，刘梖文是刘止唐的正宗传人，终身从事国学的传授与研究。为人洒脱、萧朗，其学问继承了孔曾思孟的正宗，兼修老庄，最后归于三教同源。毫无疑问，刘咸炘的学术传承，在刘梖文这里是一座至关重要的里程碑。

由于刘梖文的第一位夫人王氏只生了一个女儿，五十多岁以后就没有再生育了，所以，按照当时的风俗，刘梖文为了传宗接代，54岁的时候找了一个侧室。该侧室姓谢，也出身书香门第，是槐轩门人。20岁的谢氏来到刘家之后，第二年就生了刘咸炘。当时刘梽文已经 55 岁。年龄悬殊，但是生的孩子却非常聪明。尤其是，刘咸炘的成长不仅仅受到了槐轩家学及文化传统的影响，而且也受到了王家与谢家的文化影响。王氏、谢氏本来就很有文化底蕴，所以，刘咸炘的成长受到了三家文化和家风的熏陶。

当然，刘咸炘受刘家的影响是最大的，从小就反复诵读刘止唐亲自撰写的《蒙训》《豫诚堂家训》（现在已经收入刘止唐的《槐轩全书》）。刘咸炘从受教育的途径来讲，主要是受到了刘梽文的直接教育。刘梽文是槐轩与刘咸炘之间的桥梁。槐轩有八个儿子，但都是在 60 岁以后得的。所以，刘梽文接受教育的时候，槐轩已经相当老了。刘梽文的第一任老师是刘芬（字云浦），刘芬是槐轩的大弟子。刘梽文的第二任老师就是刘梽文的大哥刘松文，刘松文是槐轩的家学传承者，只是去世较早。此后承担传承家学担子的人就是刘梽文——刘咸炘的父亲。刘梽文从教几十年，整天忙于教学。等刘咸炘五六岁的时候，刘梽文的年龄已经大了，而且整天忙于槐轩学堂的教育工作。所以，刘咸炘童年时期在生活方面、为人处世方面的教育主要来自两位了不起的母亲——王氏与谢氏。家务管理，特别是为人处世，耳濡目染。槐轩之学，根本之处在于"学者，学做人而已"，这是刘氏宗族的祖训。从刘梽文到刘咸炘，没有丝毫懈怠。

当时，刘梽文作为槐轩的传人，家里有很多书籍。为刘咸炽的成长，从后天所需要的环境、条件、设备上提供了丰富的资源。刘咸炘从3岁开始读书，耳闻目睹，由来已久。四五岁的时候，刘咸炘已经非常聪慧，他观察鸡的生活习惯，仔细思考，居然写了一篇题为《鸡史》的文章。其观察能力、分析能力过于常人。他读了《三礼》以后，还仿照其中的一些礼仪，召集小朋友，找了一些杯盏来，做一些祭祀方面的活动，以此作为读书生活的调节。刘咸炘五六岁的时候，每天要从家中藏书挑选十多本去他自己的房间，看完之后第二天再换。刘咸炘所阅读的书籍，受到了刘枕文的直接指点。

他从来不到外面玩耍。当时，槐轩门第很大，被成都人称为"刘家大公馆"。所在地在成都纯化街，就是现在成都锦江礼堂的所在地，可以居住两三百人。刘咸炘小的时候，有一二百人居住在那里。由于王氏管得比较严格，刘咸炘从来不与其他的孩子一起嬉闹。而且也由于王氏在性格上比较强势，所以，刘咸炘的性格有相对比较软弱的部分，他生怕做错了什么。据刘咸炘《先妣行述》一文的披露，刘咸炘之所以非常听王氏的话，关键原因是王氏在刘家起早贪黑地带着媳妇们管家治家，非常勤勉，非常节俭而又深知礼节，全力支持夫君的教学工作。在相夫教子方面做得非常好，刘咸炘在感情上对王氏依赖很深。

刘咸炘的第一任教师是刘咸炘的伯父——刘豫波（刘枕文四哥的儿子）。在当时，刘豫波号称成都"五老七贤"之一，后来任教于华西大学。刘豫波已经四十多岁了，对刘咸炘的教育可谓尽心尽职，但是，教了几个月以后，刘豫波就向刘枳文提出，教不了刘咸炘了。原因是刘咸炘经常提出很多问题，这些问题"既博又深"，经常解答不了。据刘豫波说，刘咸炘的问题完全是驳难性质的，无法回答。在这样的情况下，刘枳文就亲自担任刘咸炘的教师。刘枳文让刘咸炘扩大阅读量，主要是通过广泛阅读解决自己的问题。实在解决不了，才与刘枳文讨论。

由于当时刘枳文忙于教学工作，白天基本没有时间陪刘咸炘，只有晚上从学堂回来之后才能指点刘咸炘。刘咸炘小的时候，基本是过目不忘，聪慧至极，每天十几本书一定要看完。然后晚上与他的父亲切磋交流。所以，我们从刘咸炘自身成长的过程，可以实事求是地说，刘咸炘的成功主要还是得力于他自学成才。如果总结起来的话，他有三个方面与众不同。第一，他十分勤奋，超过常人，终其一生，每天都没有离开过纸和笔。每天都在读书，每天都在耕耘。这不是常人能够做到的。第二，他的阅读量极大，眼界十分宽广，古今中外，无所不包。由于他置身于知识大爆炸的"五四"运动时期，所以，刘咸炘所达到的学术高度是过去的学者完全无法企及的。第三，他最大的特点是特别能够独立思考，善于提出别人始料不及的问题，善于抓住事物的本质，并且马上把他的想法写下来，讲出来（在尚友书塾），反复推敲之后，又把它们刻印成书。刘咸炘的这些先天后天条件都是天造地设，非常人所能及也。

　　刘咸炘 17 岁的时候，刘枬文去世。但是当时，刘咸炘已经是满腹诗书，而且已经练得一手好字。15 岁就担任了别人的书法课教师。20 岁之前就通读了前四史，而且学有所得。证据是 21 岁的时候他写了《汉书知意》。接下来他又接二连三地写了《后汉书知意》《太史公知意》《三国知意》等著作。同时，刘咸炘接手哥哥刘仲韬创办的尚友书塾，正式担任槐轩学府的掌门人。此后，刘咸炘全身心地投入尚友书塾的教学工作中，直到生命的最后一刻。

# 第 2 章

## 刘氏家族的女人

非常值得注意的是，刘咸炘的成长，不能忽视女性的重要作用。由于刘氏家族是书香门第，对于孔孟之道身体力行，所以刘氏家族就多次出现过由政府旌表入节孝祠的节妇。刘止唐的祖辈刘汉裔（刘汉鼎的兄弟）有两个儿子，长子叫刘彭谟，次子叫刘彭焕。刘彭谟得了两个儿子，一个叫刘瑢，一个叫刘祥。孩子才几岁，刘彭谟就得病死了，他的妻子就弃子改嫁走了。刘彭焕的妻子杨氏生了两个女儿，没有儿子。但是，刘彭焕得孩子没几年就死了。当时，刘汉裔夫妇都健在。于是杨氏就像对待自己的孩子一样，全力抚养刘彭谟的两个儿子，一直到四个孩子成人，侄子娶妻生子，女儿出嫁。

刘氏族谱记载道："杨氏食贫守苦，上奉舅姑得其欢心，下抚子孙秩然有法，而贫苦艰难亦万状矣。"当时刘氏家族的经济条件并不好，杨氏夫人一生兢兢业业，忍饥挨饿，全力奉献，感动了整个家族。

令人吃惊的是，刘彭谟的儿子刘璿、刘祥婚后得了儿子以后不久也相继去世。刘璿的儿子刘文举完全是由守寡的杨氏一手抚养成人。而刘文举长大以后也是结婚不久就去世了，其妻子陈氏，"以纺织为生"抚养孩子。刘彭焕的妻子杨氏、刘璿的妻子杨氏和刘文举的妻子陈氏，都是在非常艰难的条件下，敬老恤孤。当时家里经济十分贫困，"朝不谋夕"，但是，刘彭焕的妻子杨氏"毁妆力纴，以供俯仰。寒不得衣，饥不得食，率以为常，而翁姑未尝废饔飧"。设身处地地想，我们不能不为三位媳妇善良勤勉、克服困难、坚韧不拔、济困扶危的奉献精神所感动。

所以在当时，"一门之中三节妇，形影相依"的状况深深地感动着刘氏一门的子子孙孙，尤其是后代的媳妇和儿子孙子们。刘汝钦的母亲向氏一直在周恤接济、维持调护这三位节妇的生活。刘止唐在《刘氏族谱》中专门作《三节妇传》。读之，令人感动、感佩至极。其文曰：

> 节孝之事，世多闻之，若乃无所为而为之奇。穷极厄至，五六十年而不懈，难矣哉！杨氏之先，非有读书明道之素，闻大义于父兄也。当彭宪（刘彭谟）卒时，妻且弃其子而去，而去何责于弟内？父母亦无以为生，何望于娅妇？而杨氏竭力以养舅姑。奇矣！迄于再世无缘！媳杨氏，孙媳陈氏，以节继之，岂非所感者深与？以氏之贤而数十年不得一饱，天道疑

焉！然遇不否极。氏心弗著其以厄之者成之也。一门四世，大节森然盛也哉！

提倡节妇守寡，当然是封建习俗，有残害妇女的因素，应该否定。但是，这三位妇女的丈夫去世以后，她们没有背叛夫家，真诚地抚养遗孤，上养老，下恤孤，节衣缩食，毁妆力纤，这不是一般的女人能够做到的。三位妇女的牺牲精神，我们不能不感动。任何一种文化的昌明都离不开女人道德与性情的修养，中国文化之所以源远流长，关键就在于中国传统的女人具有不容置疑的向心力，吃苦耐劳的意志和无私奉献的精神。刘咸炘的家族正是有了这三位节妇的榜样，致使此后刘氏家族的媳妇们，个个都是既有修养，又非常能干的女中豪杰。她们对刘止唐的开宗立派、刘咸炘的成名成家，具有不容忽视的重大作用。

刘汉鼎的妻子欧氏，继室李氏。据其《刘氏族谱·欧李孺人合葬墓志铭》载："惟二宜人实与君谟（刘汉鼎，字君谟）同德同志。"刘汝钦是刘汉鼎的继室李氏所生。但是，由于医疗条件太差，刘汝钦才3岁，其母即因病去世了。刘汉鼎只好娶了第三房妻子，也称李氏。刘汝钦就是在这位继母的精心抚育下成长起来的。据《刘氏族谱》载："李宜人抚爱甚至。公（刘汝钦）亦孝敬逾常。"这当真是儒家思想成人成己理论的身体力行。

刘汝钦的原配妻室为向氏。向氏出身书香门第，其父是一位"明经宿儒"。兄弟姐妹很多，向氏是最小的一个。向氏从小就很聪慧。兄弟们在挑灯读书，向氏从旁经过，即能背诵别人读的书。对复杂的问题往往有很独到的见解，其人"温恭敏达"，父母非常喜欢她。22岁嫁给刘汝钦后，曲尽孝谨欢愉。当时刘汉鼎的妻子正在生病，长期卧床不起。向氏以书香门第出身的大家闺秀，亲奉侍养，洗衣服、做饭、喂饭，乃至溲溺，十多年不懈一日。据《刘氏族谱》记载："祖偿抚背谕之曰：'我老矣！劳汝太甚。恨无以付汝。他日夫妇安荣，寿如我，而康强倍我。'言毕泪下不止。卒年九十一终，翁继殁。事姑欲笃。尝患寒疾，几殆。宜人谨侍药饵，哀其身代卒再生者六年。"由此可见，向氏来到刘汝钦家里以后，任劳任怨，侍奉了两代老人，建立了深厚的感情。不仅如此，这位向宜人还十分关心刘汝钦的弟弟妹妹，"就学衣履，寒暄纤浣殷勤"，都是向氏一人包了。同父异母的弟弟为街坊群少所诱，以至家庭不和，向氏还为他们"申说大义，不惮频繁"，把那位小弟弟感动得终生难忘。向宜人对邻里宗族、乞丐路人的各种困难，"未尝不拳拳体恤"。由此可见，向宜人是一位非常仁慈的人。后来生了刘芳皋、刘止唐兄弟俩，她对孩子的教育培养，竭尽全力："宜人督之以正，稍长延师训读。敬五既好士，庭无虚日。而隆礼师傅，饮馔必延。宜人纤悉躬亲，寒暑不倦。"敬五指的是刘汝钦。刘汝钦喜欢与很多朋友交往，接人待物，安排饮食，向宜人尽心尽力。"儿子循循恪谨，皆秉母教。"相夫教子做得也非常好。刘汝钦去世以后，向宜人管教孩子"严于父师"，最后，刘芳皋荣登进士，刘止唐开宗立派，成一代宗主。这些都与向氏的言传身教有密切的关系。

对刘咸炘的人生观与生活影响最大的人物是王氏。王氏是刘桢文的第一任夫人。由于这位王氏夫人五十多岁还没有生儿子，所以，刘氏家族就给刘桢文又找了一房侧室，姓谢。刘咸炘就是这位谢氏所生。但是，王氏对待刘咸炘"天高地厚"，情深似海，以至刘咸炘还专门撰写了一篇题为《先姚行述》的文章来怀念她。该文载，刘咸炘自从断奶以后就与王氏同睡一床，一直到15岁，刘咸炘才别寝。原因是刘咸炘从小就体弱多病，需要悉心照顾。15岁以前，刘咸炘害过两次大病。为了照顾刘咸炘，"先姚不寐者数月，垢污满身，涕泪常出，爱护之笃，非文字所能详"。出身于四川井研名门望族的王氏具有非常严格的家教，置身大家族之中从来不说三道四，"治家严肃，昧爽即兴，诸妇从之入厨。晚休于内庭，犹各有操作"。刘咸炘的妻子自从嫁到他们家以后，"朝夕省定"，一点都不敢嬉笑放诞。王氏对她自己生的女儿管教非常严厉，常说："女子不可姑息，姑息则难为人妇也。"但是，对刘咸炘的妻子，却"极宽仁，曲体其情，有训戒，无呵斥"。刘咸炘的前妻早死，临终前还对刘咸炘说："他无所恋，惟舍妈不得。"对刘咸炘的第二任妻子，王氏常常训诫曰："为吾家妇，当守祖训，修身心，勤内职，不应以享福自期。"治家之严，由此可见。

刘桢文去世之后，刘家的经济状况有一段时间十分窘迫。

王氏"斥嫁妆以资用，仅乃得济"。刘咸炘的外祖母接济他们的财物，王氏都"储之不肯用"。刘咸炘的文章写道，王氏"以无衣故，每不与人庆宴。平居非有事不鲜衣，非饿不钉饵。八十以后，犹不肯多制新样之衣，频设珍贵之食。不孝受室后，室中始有煤油灯、自鸣钟。常告不孝曰：尔祖母以家计忧劳终，吾今服用胜祖母已多，心常不安，况加此乎?"我们知道，节俭一方面是中国经济匮乏的表现，但是另一方面，按照孔子的说法，也是自我克制，修身养性，尊重他人财产、权利，不走向骄奢淫逸的一个重要前提。正是这样的生活方式，使刘咸炘从小养成了专心于学习，不追求声色犬马的生活习惯，这对刘咸炘的成功具有至关重要的作用。

王氏虽然在平常的生活中节俭之极，但是，为人处世，待人接物，却是"无不中礼"。王氏始终遵守刘枚文的规矩，各种礼尚往来，任恤之事，"素不以财乏而吝施减礼"。王氏为人极其慈悲，从来不嫌贫爱富。王氏对刘咸炘说过："尔以吾为一味俭啬耶?当用仍须用。"在"贫穷"与"礼节"的关系上，王氏给刘咸炘树立了人生的榜样。家里的财产均由王氏掌管，刘枚文有各种善举，财务都是由王氏负责到底。刘咸炘写道："先考倡导善举甚多，集资前后至巨万，皆先姒司之，以事别为囊而暗记之。囊大小常十数，出纳庀记，无或失误。常笑曰：推禄命者谓吾当握巨金，此其是矣。先姒勤俭助夫之事不可具举。不孝生晚，亦未及尽详，仅能举一二，以示其概。

前辈人勤俭者多，而先妣之勤俭，则所系非小。先考尝面誉其内助之功，谓：非尔则我不得任斯道也。"接人待物是礼，相夫教子，也是礼。没有家教，没有涵养，没有社会责任感和亲情的妇女是做不到的。

王氏具有坚强的意志。刘咸炘写道："先妣六十后，足已不健，扶床倚壁，犹常入厨。自寝息外，日罕安坐。尝大病卧不能起，先考自塾入室，即强起坐进食，谓：君仍出讲书，勿以吾为念。"夫妻之间相敬如宾，在心灵上极力支持对方，全力以赴为对方着想。这是相当感人的一幕。刘咸炘在《先妣行述》中写道："先考在时，门人之妇女来者，虽贫窭，先妣必礼接，无慢无厌。先考殁后，先妣病坐，门人等常入室省视，必与殷勤问答，询其生事，于疾苦忧累尤详。至去年，病不能言，客至犹作声呼茶。晚岁心益慈柔，与不孝生母及不孝夫妇述旧事，训戒不数言，辄凄哽。闻人不幸事虽报纸所载，素不知名者，亦必为之累叹，半日不忘。"这种诚恳、诚挚的人生态度，不仅仅影响了刘咸炘的为人做事，更是奠定了刘咸炘真诚向学、著书立说的态度和人性的基础。

刘枬文与刘咸炘相差五十多岁，刘止唐与刘枬文更是相差六七十岁。由于刘氏家族一直在办学堂，所以，父亲外务繁忙，根本没有时间管教孩子，孩子的管教任务完全落在了妇女身上。如果不是上述刘氏三节妇舍身供奉、抚养，如果不是刘汉鼎的妻子欧氏，刘汝钦的妻子向氏，刘枬文的妻子王氏克勤克俭、深明大义，在培养刘氏子孙上倾注全部力量，刘汝钦、刘止唐、刘枼文、刘仲韬、刘豫波、刘咸炘等等，就不可能薪火传递，在各自的领域作出重要的贡献。

# 第3章

# 祖父刘沅止唐

刘沅（1767~1855），字止唐，号青阳子。他创立槐轩学派，其刘门养心功在四川国学界有深远影响。清末民初，蜀中国学大师，多出其门。《清史稿·刘沅传》记载："咸丰中，（福建）侯官林鸿年为云南布政使，至蜀得沅书，读之惊喜。求问时，沅已死（据此推测当在 1856 年），因受业于沅弟子、内阁中书刘芬，尽购其书去。及罢官归，遂以其学转相传习，闽人称为川西夫子云。"

刘沅著作等身，最著名的总名为《槐轩全书》。其中包括：《周易恒解》六卷、《诗经恒解》六卷、《书经恒解》六卷、《周官恒解》四卷、《仪礼恒解》四卷、《礼记恒解》十卷、《春秋恒解》八卷、《四书恒解》十卷、《大学古本质言》一卷、《孝经直解》一卷、《史存》十六卷、《槐轩文集》四卷、《诗集》二卷、《约言》一卷、《拾余四种》二卷，又有《蒙

训》《豫诚堂家训》《保身立命要言》《下学梯航》《子问》
《又问》《俗言》《性命微言》《医理大概约说》《医法追源说》
等等，在学术界，至今都还有深远的影响。

刘沅一生从教七十年，其学会通三教，归宗孔孟，颇具思
辨性，当时即有很大的名声，入《清史稿·儒林传》。刘沅在
经学、宗教、医学等领域对蜀学的发展起到了显著的作用。尤
其是他创建的儒、释、道三教合一的刘门养心功，曾经造福一
方，举世瞩目，在中外学界都有深远的影响。刘沅的学术是一
种儒、释、道三教合一的庞大体系。刘沅的三教合一，就主体
架构来说是儒、道会通，佛教居于次要的位置。所谓道，即道
教内丹学中儒化倾向较重一派的内丹理论。所谓儒，则包括先
秦儒家元典与汉、宋、明、清儒学。因为唐宋以来道教内丹学
以及宋、明理学本身就包含大量佛教因素，只是在此意义上，
刘沅的儒、道合一才可称为三教合一。刘沅的儒、道合一主要
侧重于天道性命之学的合一，因为刘沅的自我认同是儒家，所
以他的儒、道合一又是以儒学为主体的。至于儒学内部，虽然
刘沅也兼容了汉人训诂之学，但其重心却是宋、明、清三代理
学的合一。天道性命、成人成己、守身诚身，是刘沅学术的重
中之重。就此而言，刘沅学术思想的形态应当属于清代新理学
的范畴。由于篇幅以及本书主题的问题，我们在此不可能对刘
沅的学术进行全面的介绍，但是，我们有必要指出，没有刘止
唐，就不可能有刘咸炘的思想。

刘沅为保护成都地区的文化古迹作出过特别的贡献。他多

次带头捐资修复成都青羊宫、二仙庵、武侯祠以及新南门外的关帝庙。嘉庆、道光年间，刘沅两次带头捐资修建津县城南天社山老子庙，扩建增修庙宇。1924 年，庙内失火，除山门和混元殿外，悉为灰烬。是年仲冬，刘沅孙辈刘咸荣、刘咸焌、刘咸炘、刘东父等人秉承祖父遗训，联合槐轩门人颜楷、熊光弼、孙星武、李惠生等发起募化集资修复老子庙。工程绵延达二十年之久，至 1944 年始告竣工。为纪念刘氏弘扬道教的功绩，道士们特在庙内建一儒林祠，供奉刘沅及其子刘桂文（光绪庚辰二甲进士，1882 年授翰林院检讨）、刘云坳（咸丰举人，官至广西柳州知府）、刘松文（同治举人）等人的塑像和牌位。1966 年冬，庙内所有塑像、牌位均被红卫兵捣毁，但混元殿、三清殿、慈航殿、灵祖楼、斗姥楼、八卦亭、儒林祠等主体建筑幸存，现被列为四川省文物保护单位。刘咸炘对这些活动也是十分热心的。武侯祠至今还有一块"义薄云天"的匾额，为刘咸炘亲自所书，笔势遒劲，气贯长虹。

# 第 4 章

## 生活习惯

　　刘咸炘在其《亡妻事述》中叙述妻子的同时，也附带地说了他自己的特点："吾性好偶傥，坦率少城府，不喜势利，不计锱铢，不宿小怨，深恶妇人筲豆猜嫌，呫嗫微语，以为妇人十九不免。然吾妻乃与吾同。凡涉仁义，费尔不惜，假贷必应，或且被诒。"这种性格和做派，与刘止唐前后相应，都是大户人家出身的读书人的性格和人品。刘咸炘自己感叹道："不孝所以幸不为姻党朋友所贱者，先妣养其初也。令当时稍宽纵，习气渐染，尚能勉帅父师之教耶？"这完全是培养一代名师的做派。如果没有这位王氏先妣，刘咸炘肯定是不能成长为一代国学大师的。

　　而且就是根据这篇文章，我们还可以知道，刘咸炘也并非天生就是一个懂礼仪、遵奉礼仪的孩子。他的成长有一个过程。其文曰："不孝无状，徒闻不行，酒过书淫，未能痛改，尤为先妣忧。上负深恩，悔恨曷极?"刘咸炘与别的孩子一样，也是天生好动好玩的。但是，王氏崇高的人格，深沉的母爱，以及对刘咸炘深厚的期待，把小小的刘咸炘彻底地感化了。

刘咸炘学习十分勤奋，从小就非常喜欢读书。一生目不离卷，手不停笔。一年之中，除参加必不可少的应酬之外，从无所谓节假日或休息日。正常情况下，只有农历大年初一奉母命停止看书、著述一天，从正月初二开始，又恢复日常的阅读与写作。刘咸炘经常要去处于成都市春熙路、祠堂街的商务印书馆、中华书局、古籍书店等处购书，每次购书后坐黄包车回家，在车上即不停翻阅所购书，往往到家时就已经翻阅大半。到家后到母屋报到问安后，即到书桌，翻书动笔批写意见，或写于书眉，或写于札记本上。

在其长大成人之后，刘咸炘家的收入是很可观的。槐轩府的总财产在刘枬文一辈分家的时候，第六房分到了二百多亩土地，仅仅这一项，每年的收入就是三百多担谷子，足以养家了。况且，刘咸炘的收入也是可观的。第一笔收入，刘咸炘是一位有名的书法家，在那个时代经常可以给人写这写那，润笔费高得很；第二笔收入就是作为敬业学院、成都大学、四川大学的教授，讲一个星期的课（四节课）就是二百大洋。刘咸炘不需要把工资交给家里。他全力用来办尚友书塾，资助学生，刻印著作，购买书籍。1951 年，在蒙文通、谢无量等友人的帮助下，刘咸炘的长子刘伯谷历尽艰辛，将这些书籍从农村直接运往四川省图书馆，全部无偿捐献给四川省图书馆。"文化大革命"期间，图书馆方面担心刘咸炘的某些珍贵手稿被红卫兵毁坏，所以分别存放在私人手里。但是，"文化大革命"之后，这些手稿大多没有收回来，已经丢失了。

刘咸炘购买的书，大多都有他阅读书籍时候的各种批语，这是我们研究刘咸炘的重要资料。现在的研究人员可以直接到四川省图书馆去查阅。刘咸炘在世的时候，这些书籍置放在刘氏藏书楼上。还有一些常用的书籍都放在尚友书塾，供学生阅览。藏书楼上的书籍，尚友书塾的学生也可以借阅。当时的学生很喜欢阅读这一批书籍，因为上面都有刘咸炘的批语。

刘咸炘写文章，常常抓到什么纸就是什么纸，不论大小，不论好坏，有时候连记账的账簿都用来写作。刘咸炘一生不离笔墨，是成都市著名的书法家，担任书法教师，在世的时候就已经享有盛誉，但是他对毛笔与墨砚从来不讲究。毛笔用的是很一般的笔，即使是写得发叉也尽量不换新的。墨就是一般的胶墨，往往让用人磨一大碗，倒在一个铜墨盒里备用。由于墨的质量不好，几天以后就发出异味，刘咸炘会撒上一撮樟脑粉去掉异味之后，继续使用。

刘咸炘著述时，常常是一边思考一边动笔，动笔后改动的地方很少。在写作时，一手动笔，一手下意识地搓上衣的布纽扣，因而常常将衣服上的纽扣搓断，家人常为其换纽扣并引为笑谈。一次正在写作，中午吃饭的时间到了，家人送包子至书桌。移时送茶去，见包子如故，催其食。又移时去收食具，见刘咸炘满嘴墨污而仍写作不辍，且不自知。后始知食包子时把墨盒内的墨水当作调味汁蘸着吃了。

值得注意的是，刘氏一族的读书人，大都好静不好动。从刘嘉珍、刘汉鼎、刘汝钦到刘止唐、刘枳文，都有这样的特点。这种特质在刘咸炘身上也体现得十分明显。刘咸炘写过一篇题为《冷热》（1918）的文章，认为他自己生性"耐冷恶热"，不喜欢喧闹。他写道，他"喜陈书独坐，众聚声喧，则欠伸思卧。与于庆吊，半日不快"。以此作为一种生活的感悟，推及学术、人生、社会，甚至哲学："古言心不言血，惟冷可以治事。不入乎物，乃能善物。不流乎世，乃能治世。章实斋言之矣，曰：随风气为转移者，愚人也。自得以救风气者，智者也。龚定庵言之矣，曰：百酐民不如一悴民，百悴民不如一之民。之民者，山中之民也。斯二人者，能冷于热之时者也。"刘咸炘的这种生活习惯，贯穿他的一生，而且左右了他的学术思想。刘咸炘说："夫冷者，热之本。"刘咸炘坚持自己"冷"的态度、"静"的立场，与新文化运动保持一定的距离，采取道家的手法，以静制动，静为躁君，自视为"自得以救风气者"的"山中之民"，能够在天下所有的人都疯狂失态的时候，自己保持冷静。这就是刘咸炘比当时的人高一手的地方。

他写了一篇题为《看云》的文章，其题目来自明人的诗歌："寄将一幅剡溪藤，江面青山画几层。笔到断崖泉落处，石边添个看云僧。"看云的人是"僧"，刘咸炘自然认为这"僧"是一个恰当的自况——于是，这首诗就具有了一些"禅"的味道。刘咸炘从主观意识上就试图与新文化运动保持距离，这是很明显的。这样做的直接结果，是刘咸炘对新文化运动中人们提出来讨论、争辩的问题，洞若观火。

刘咸炘认为，新文化运动就像天上斯须变幻的云彩一样，是一种过眼云烟的存在："吹一股南风，又吹一股北风；起一朵红云，又起一朵白云"，"盔头鬼脸随时换"。当时新文化运动的某些领军人物，完全没有文化的主心骨，完全不知道自己姓甚名谁，整天在"波浪里打滚"，自救不暇，又怎么担当得起"旗手"的重任呢？

所以，刘咸炘写道："杜诗云：天上浮云如白衣，斯须变幻成苍狗。这是比世态。我说的云就是流风的风，也就是今世所谓潮流。拿水比，拿风比，拿云比，总是一样。温良寒暑，都是风的作为，可以说风是时间的变异。云出于山川，是湿气所成，是雨的根。各处气候不同，都是潮湿的缘故，可以说云就是空间的变异。所以看云也就是观风。我用道家御变之术，冷眼看这风云变态，真是陆放翁所谓'高枕看云一事无'了。"正是鉴于这种态度与立场，刘咸炘对新文化运动时期大家热衷的各种问题，如果不是万不得已，刘氏大都采取迂回或者有意识地保持一定的距离，尽量不卷进去的态度。

实际上，刘咸炘从小时候起，就不喜欢与其他小孩子一起嬉闹。喜欢一个人独处，尤其喜欢一个人在他的书房里面读书。他的一生始终与现实世界保持着一定的距离，对当时喧嚣的各种运动有一种隔岸观火的态度。刘咸炘置身于喧闹的"五四"运动时期，在他漫长而寂寞的读书生活中，有时候也透出一种落寞、孤寂的情怀。他的《推十诗》是有详细记载的："生涯说与秋风听，故纸堆中是乐乡"。(《自笑》)"空庭绿满语声寂，独对陈编凝远思"(《即事》)，"寂寥横舍少灯火，我独冥坐望庭中"(《十一月二十七日》)，"匆匆开岁后，不觉已春深。花市一游倦，和光无处寻。新霖三日喜，伏莽四郊侵。只合来萧寺，循阶看绿阴"(《春深》)。在这里，我们完全看不到新文化运动的火热与喧嚣。刘咸炘的生活非常平静，完全沉浸在古籍之中，沉浸在自己的精神世界之中，自得其乐。即便是出游，去的也是冷僻之处。

# 第5章

# 与章学诚

　　1925 年 11 月 20 日晚上，刘咸炘应学生之请，写了一篇《三十自述》的文章，明确说自己"私淑章实斋先生也"。在其《经今文学论》一文中亦云："吾宗章实斋六经皆史之说，于经学今古文两派皆不主之。"章学诚把自己归属于"浙东学派"，其卒年与刘咸炘之生年相距近一个世纪，从空间和时间上来讲，都相距遥远。古今中外成果卓异、思想精深者车载斗量，为什么刘咸炘就单单看中了章学诚呢？

　　章学诚（1738～1801），字实斋，会稽（今浙江绍兴）人。祖籍福建，出生于浙江绍兴。其祖父章如璋是一位资深的师爷，晚年研究司马光的《资治通鉴》。章学诚的祖父与父亲都对当时流行的道教善书《太上感应篇》具有浓厚的兴趣。章学诚的父亲章镳是乾隆时期进士，乾隆十六年（1751）被朝廷任命为湖北应城知县。同年章学诚随父亲全家移居应城县。章镳的知县生涯结束以后由于没有回故乡的盘缠，一贫如洗，所以全家依然住在湖北。从此以后，章镳担任应城书院的教师，同时还在章学诚的协助下以编写地方志谋生。这样一直到乾隆三十三年去世，章镳始终都在湖北生活。换言之，章学诚在湖北居住的时间至少有十七年。

章学诚是章家的独生儿子，有一个很大的姐姐和几个妹妹。14岁与俞姓女子结婚，是年迁居湖北应城。乾隆二十五年，章学诚首次参加乡试未果，一方面在性格上桀骜不驯，另一方面又不能不完成父亲的遗愿，所以一直到乾隆四十三年（1778）才考取进士。章学诚对当时官场的腐败无能一清二楚，所以，他以进士的出身，终生没有当官。他对当时红极一时的乾嘉汉学也非常厌恶。其家庭背景、个性特征与学术观点，与刘咸炘有惊人的相似性。

章学诚用王阳明"六经皆史"的命题来批判当时的经学，并且对这个命题进行了新的诠释与理论充实。首先，他告诉理学家们，儒家经典不是为了阐述空虚的天理和深奥的人性，而是为了记录史实；其次，他告诉汉学家们，应该抛弃皓首穷经的做法，要用历史的眼光重新还原经典的本来面目。章学诚反对治学各分畛域而致文人相轻、相互攻击的风气，主张"学者不可无宗主，而必不可有门户"，由此而屡遭朝中士大夫的嫉恨与排挤。他认为自己的观点是绝对正确的，但是也是不合时宜的。因此，终其一生不公开发表自己的学术观点。

章学诚的史学思想渊源，可以追溯到明末清初的浙东学派。所谓浙东，是唐宋以来对钱塘江以东宁波、绍兴、台州、金华、衢州、严州、温州、处州等地区的传统称谓。历史上在浙东地区曾诞生过两个影响比较大的浙东学派，一个是以南宋时期吕祖谦、陈亮等为代表的浙东理学，至明代王阳明而成蔚然大观；另外的就是由黄宗羲、万斯同、全祖望等发端，以章学诚为集大成者的浙东史学。梁启超在《中国近三百年学术史·史学》中写道："清代史学开拓于黄梨洲（黄宗羲）、万季野（万斯同），而昌明于章实斋（章学诚）……实斋才识绝伦，大声不入里耳，故不为时流宗尚。"所以，穷愁潦倒的章学诚在学术的追求上具有别人无法企及的根源与背景。

章学诚于乾隆三十七年（1772）起开始撰写《文史通义》，二十余年从不间断。还应聘纂修过和州、永清县、亳州、常德府和荆州府等地方志，参与《湖北通志》的修订。章学诚一生主要靠讲学和修地方志维持生活，十分拮据。他学识渊博，史学理论有独到见识。章学诚在世时，他的绝大多数著作都没有出版。成名作《文史通义》生前只刻印了篇目，道光十二年（1832）其次子首次刊印了八卷。另有《史籍考》《校雠通义》《方志略例》《文集》《外集》《湖北通志检存稿》及《未成稿》《外编》等都从未刊出过。一直到去世一百二十年后（1922年）《章氏遗书》才出版。

首先注意章学诚的学者是日本人内藤湖南（1866~1934），此后梁启超、胡适接踵而上。内藤湖南接触章学诚著作的时间是1902年。内藤介绍的章学诚，有三个方面的内容：一是

"道"的观念，二是"六经皆史"，三是方志学的理论。内藤湖南引用了章氏的话，"道者，万事万物之所以然而非万事万物之所当然也"。并认为章学诚的"道"是一个逐渐发展的观念，并且必有"器"来承载，而所谓六经等著述，都是承载了"道"的"器"，"六经皆史"就延续了这一理路。内藤将章氏的史学思想推广为一种历史哲学。

梁启超在《清代学术概论》中说章学诚"实为乾嘉后思想解放之源泉"，并且赞誉说："会稽有章学诚，著《文史通义》，学识在刘知几、郑樵上。"章学诚是清代"唯一之史学大师"。梁启超的《清代学术概论》发表于 1920 年。1922 年 1 月，胡适以近代的学术眼光和新的视角撰成《章实斋先生年谱》。该年谱抓住了章学诚史学理论家的特点，全面深入地挖掘了章学诚在史学理论方面的卓越贡献。

根据本书对刘咸炘的介绍，从中可以看出，刘咸炘与章学诚实在是有很多方面很相似。他们都有书香门第的文化背景；都有离群索居的癖好，都自封为"不合时宜"的人；他们两人看书的时候都善于看到别人看不到的地方，都有力透纸背的功夫，都有叛逆的批判精神，而且都是独生子。也许是上述三位大师的影响，唤起了刘咸炘惺惺惜惺惺的情怀。刘咸炘在其《学纲》一文中写道，中国古代的经学，"争斗日甚，书籍日繁，人厌把卷而思焚书，其故皆由统系不明，各趋极端，往而不反，终不能合，不自知其位置，务欲垄断。方今大道将明，岂可任其繁乱，使来者循其疲劳而终不达哉。故近世东西学人，皆求简求合。统系明则繁归简，纳子、史于两，纳两于性，易简而天下之理得。既各分尽专长，又同合归大体，区区之心，窃愿此耳。若树异帜以强人，骋大言而无主，已惩前人，不敢自蹈也"。对置身于熙熙攘攘的"五四"时期的刘咸炘来讲，不能不说隐含了对"五四"时期某些现象的批评。但是，如果仅仅从这个层面来理解刘咸炘，则是远远不够的，因为，刘咸炘是从校雠学出发，横以用中，纵以御变，儒道互补，而归宗于老子的倚伏、正奇和孔子的执两用中，具有深厚的文化底蕴。因此，"方今大道将明"之谓，是刘咸炘胸怀老庄的学术理想，返本开新，体现了他对新文化运动的期望和他自己的学术目标。暴秦以来，汉学支离，宋学空虚，乾嘉考据，又"佞汉恶宋"，均"各趋极端，往而不反，终不能合"。继方东树《汉学商兑》之后，章学诚不屑于考据之学，尊崇刘歆《七略》，大张"六经皆史"的旗帜，辨章学术，考镜源流，成一家之言，"以史概经，以今代古"，经世致用，"千举万变而不穷于辨，昂首天表而不汩于俗"，下开龚自珍、魏源，为乾嘉后期思想解放运动的源头。刘咸炘置身思想解放，中西融汇的"五四"时期，深感千百年来天下学术各趋极端，往而不返而争斗日甚的严重性，理应"各分尽专长，又同合归大体"，方可复"大道"之"明"。由刘歆的《七略》而来的章实斋校雠学，"博求古今之载籍，则著录部次，辨章流别，将以折中六艺，宣明大道"的理路，正好满足了刘咸炘的需要。

在中国近现代学术史上，抱有这种学术理想的人并非只有刘咸炘一人。梁启超就曾说过："社会日复杂，应治之学日多，学者断不能如清儒之专研古典；而固有之遗产，又不可蔑弃。则将来必有一派学者焉，用最新的科学方法，将旧学分科整治，撷其粹，存其真。续清儒未竟之绪，而益加以精严；使后之学者既节省精力，而亦不坠其先业；世界人之治'中华国学'者，亦得有藉焉。"与上面引自《学纲》中的话在思想的出发点上是基本一致的。当时的梁漱溟、胡适、熊十力、冯友兰等，都在建立宏大的理论构架上付出了相当的努力，但是现在看来，刘咸炘却同时也有这种举动。而且，依托中华先圣之精神，将为学与为人联系起来，视为学之法即为人之法。刘咸炘引用刘止唐所云："为学曰为人、为道，曰事天。"因为"道之大原出于天"，所以，"业道曰学，学圣人以全其性"。在现代文明极为发达，知识与道德严重脱节（《一事论》谓之"知与行歧"）的今天看来，刘咸炘天与人合一、知与行合一的为学体系所折射出来的思想当更为深远。尤其奇特的是，刘咸炘深得原始道家之精髓，为了避免"道术将为天下裂"，而归依老子"无状之状，无物之象"的大道境界，与胡适等哲学史一定要追究出一个"为什么"（其论详见《人道》），条分缕析的当代时尚大不相同。其中依托于天人、超越于时代的深刻思想，还有待于将来进一步发掘。

值得注意的是，刘咸炘虽然出自章实斋，但其实与章实斋之学亦有重大的区别。第一，章氏之学是对乾嘉考据学的反动，而刘咸炘虽然植根于先秦儒家、道家的哲学土壤中，其

"纵"为御变，以观学术之源流；其"横"为用中，以观学术之偏正，但是，他已经彻底走出了中国学术的古典时代，进入了现代思想的领域，对数千年的学术史具有自觉的反思和重铸的精神。第二，章氏"六经皆史"的思想虽然在乾嘉考据学甚嚣尘上的时代，带有巨大的革命性，但是它毕竟完全局限于儒家范围之中，始终没有也不可能脱离儒家圣道，唯一正统、正宗的轨道。因此，章实斋只能说是一位出色的史学家、文献整理学家。而刘咸炘则完全打破了这种思想学术上的禁锢与疆域，文史兼备，归于史而不限于史；儒道双修，归于道而不限于道。在《一事论》中，刘咸炘把古今中外的各种知识体系全都汇入笔端，辨别真伪，考镜源流，"莫非人也，莫非学也，何以为人？何者当学？千万方，千万年，千万人，惟此一事而已"。故《学纲》云："纳子、史于两，纳两于性，易简而天下之理得"，把学术的发展与人的性情、质性相结合，并由此视学问之基在于知性："论世必本于友善，知言必本于养气，非实践存察，何以能之。苟不知性，虽能言明两，不能信也。故以文字言，譬之成室，校雠为门，史、子为堂，明两为室，而知性为基。若基之不固，则全室倾覆。"这种依托于先秦儒、道之天道与人道的理论张力，充分吸收其中的养分，古今中外兼收并蓄，超强的整合精神，是章氏不能相比拟的。第三，刘咸炘"舍经而言史，舍儒而言道"。"舍经而言史"，是对"六经皆史"命题之革命性的重铸，从而建立了新的"人事学"："此'史'是广义，非但指纪传编年，经亦在内，子之言理，乃从史出，周秦诸子，亦无非史学而已。""舍儒而言道"，一方面，刘咸炘认为原始道家与原始儒家在思想的最终旨趣上是一致的，不仅不矛盾，而且还互为支持："吾常言吾学乃儒家兼道家。儒家是横，中合两为一；道家是纵，观其两，知两乃能合一。"但是另一方面，从整体的理论建构上来讲，其"既各分尽专长，又同合归大体"的理想后面，刘咸炘所追求的确乎是浩瀚、宽容，万物自化、任其自然而终归于"朴"的"大道"。章实斋也追求学术源流之"大道"，但他的理论指向是中国古代的学术史，而刘咸炘所追求的"大道"则是基于古代，有意重铸而指向未来的哲学境界。毫无疑问，这是对章氏校雠学的重大发展。深究其内蕴，刘咸炘乃是借助儒道用中、御变的思维方式来针对中国学术"各趋极端，往而不反，终不能合"的弊端，试图以"道"的胸怀无所不包，无所不有，千万方，千万年，千万人，复归先秦元典精神，重铸中国学术的存有形态。其旨趣在于"发于一，成于二，备于三"，分而能合，群而能一，得易简之理，合归大体，均得"大道"之明。

在《三十自述》中，刘咸炘把自己的学问与章学诚的异同进行了一番比较，其文曰："吾之学，《论语》所谓学文也。学文者，知之学也。所知者，事物之理也。所从出者，家学祖考槐轩先生，私淑章实斋先生也。槐轩言道，实斋言器。槐轩之言总于辨先天与后天，实斋之言总于辨统与类。凡事物之理，无过同与异，知者知此而已。先天与统同也，后天与类异也。槐轩明先天而略于后天。实斋不知先天，虽亦言统，止明类而已。又止详文史之本体，而略文史之所载。所载广矣，皆人事之异也。吾所究即在此。故槐轩言同，吾言异；槐轩言一，吾言两；槐轩言先天，吾言后天；槐轩言本，吾言末而已。实斋名此曰史学，吾则名之曰人事学。其范围详于《一事论》中。""实斋先生虽长统纪，而无根本之识，又见闻未广。其时征实发见，亦未造极。今则其时矣。为圣道足其条目，为前人整其散乱，为后人开其途径，以合御分，以浅持博，未之逮也，而有志焉。"这两段话说明了刘咸炘学术的来源、特点和理论的方向，也说明了刘咸炘的思想根源于刘止唐、章实斋而又不同于二者的事实。

# 第 6 章

## 经学思想

在刘咸炘的《推十书》中，哲学思想集中在《中书》与《左书》之中。《中书》的文章是全书的大纲，尤以《三术》《学纲》《广博约》《一事论》《认经论》等篇最为突出。刘咸炘的所有思想都可以在这里找到根源。刘咸炘的哲学思想实际上是中国历代经学思想的总结，因此，研究刘咸炘的经学思想，也不得不从《中书》《左书》入手。

与胡适等当时风云人物的根本不同在于，在批判中国经学"各趋极端，往而不反"的同时，刘咸炘要回归的是中国先哲所倡导的"大道"。刘咸炘所追求的"大道"总结为以下三个方面。其首要特点就是"大"，就是要学贯中西，要涵盖全世界所有的学术，要从人类全部的知识体系中总结出世界发展的规律来。"既各分尽专长，又同合归大体"，既承认各个学术体系的特殊性，又注重各个体系之间的共同性，在未来的世界，我们应该创造一个特殊性与共同性相得益彰、互补互惠、彼此涵融的"中"的精神境界。在刘咸炘的心中，这是先秦儒学的"中和"、涵融境界与道家思想"任天""圆道"的哲学理想高度融合。此其一。考镜源流，明统知类，充分发挥各个学术体系的个性，并行而不相犯，驱除繁乱而有条不紊，求简求合，删繁归简，"易简而天下之理得"，这实际上也是先秦儒家、道家的最高旨趣。《中书·三术》一文说得更加形象："学譬如屋焉，诸学专门之精，犹之楹柱榱栌，各有其用，蔽不自见；苟见，其各有所安。不饰其短而没其长，不强所不知而自大所知。如居屋中而目周四隅，大体具见，已为通矣。若通乎六艺之流别，乃升屋极而观上下四旁，方圆之至，皆定于一。"也就是《中书·学纲》中所说的"道一而形分为万"的"一"。此其二。刘咸炘一方面继承了章学诚校雠之法，将经、史、子、集简化为史与子："书亦无出史、子之外者也"（《学纲》），从方法论上来讲，"纳子、史于两"，就是纵观源流以论世，横观偏正以知言。御变、用中，由是而得道家史官之深邃，涵儒家哲理之精要。另一方面，义从做人、做事的精神来讲，"纳两于性"，将学术的归类研究和明统知类与人之所以为人的"性"联系起来，做学问的目的在于做人，在于修身养性，在于"学圣人以全其性"。此其三。刘咸炘经学思想的归属，从本质上说明了刘咸炘对中国文化的认同，也反映了刘咸炘对整个西方学术的总评价。刘咸炘批判中国古代的经学思想，其目的是要弘扬真正的原始儒家与道家精神，与全盘西化的趋之若鹜者完全不同。换言之，刘咸炘始终认为，全世界的各种学问，都应该统合在以任天圆道、天人合一精神领冠下的原始儒、道思想之下。在这方面，刘咸炘既不同于"五四"时期主张全盘西化的胡适之，也不同于改良主义者梁启超，还不同于号称新儒家的梁漱溟。甚至比古文经学家的旗手章太炎都更加重视中华民族原创性的文化传统。刘咸炘是一位地地道道，彻头彻尾，坚决捍卫原始儒家、道家精义的后"五四"时期的思想家。

《推十书·中书》中有《医喻》《左右》《同异》《流风》一组文章，分别写于1926年年末至1927年年底，整个时间跨度不到一年，紧接在纲领性文献《三术》《学纲》《广博约》《一事论》《认经论》之后，明显带有特别的内在逻辑。笔者仔细揣摩之后深以为，这一组文章是刘咸炘分析中国经学史的发展得失，横观偏正，纵观源流，站在明统知类，知人论世，建中以为极的学术宗旨上，以拯救中国学术"各趋极端，往而不反"而开出的一剂"十全大补"药方，纠正汉学与宋学、心学与乾嘉之学的弊病，从而回归到"大道"之"明"。

刘咸炘继承了其祖父刘止唐"吾以圣人之道定百家，不以百家之谬溷圣贤"（《槐轩全书·槐轩约言》）的学术精神，全面系统地分析了自西汉至晚清的儒学发展历史，把千百年来歪曲圣贤思想、有失原始儒家之真的后代儒学分别概括为拘儒、杂儒、媚儒、文儒、夸儒、褊儒等等。但是，刘咸炘之所以是刘咸炘，就在于他并不仅仅只是停留在这个一言以蔽之的地步，而是在各个方面都有深度的拓展。

首先，刘咸炘指出，中国历代儒学之所以失真的关键原因，在于西汉以后的历朝历代统治者所追求的并不是真正的儒家思想："自汉以来，上下宗儒者千数百年，如按其实，则非真也。治术惟缓急两端相承，英君谊辟所用，非道家即法家。汉高、汉宣、明祖皆刑名，汉文、光武、宋太祖皆黄老也。惟汉武帝、唐太宗乃假儒术。武帝之伪儒，人皆诋之。太宗则儒者所称，然实虚言多而实效少，且其根本已谬，于儒术不相容。二人实创科举之制。士之不毁孔、孟者，徒以科举故，而阳尊阴叛，儒道卒不明者，亦以科举故。二人者，功之首罪之魁也。科举一废，孔、孟遂为毁端，此无足怪也，欺人之术露而久蓄之疑发也。"一方面是猜嫌禁制，另一方面又立五经博士劝以官禄，恩威并施，威胁利诱，其结果只能是导致原始儒家思想的畸形发展，使之成为一种自欺欺人之学。

其次，刘咸炘指出："世之儒者，每执统一而忘变化，拘于同而暗于异，此不可不察也。拘同暗异之弊，至宋而大著。论史则举圣贤之行以为极则，稍异则加贬而不察其事势，故三代后无完人。论子则取平正之言以为合圣，所余则概斥而不详其本末。故诸子家无真面。"说到底，这依然是专制集权主义者，有己无人，以己度人，己立而不立人，己达而不达人的政治思路，在学术上的恶劣表现。尤其难能可贵的是，刘咸炘对中国和世界的大势掌握得非常准确，在唐宋以后，生产力已经高度发达，中国文化已经烂熟，随着商品经济的发展壮大，市民意识已经风起云涌，而宋代的理学家们却视若无睹，"举圣贤之行以为极则"，刻舟求剑，"拘同暗异之弊，至宋而大著"，把宋以后中国的政治经济、历史文化每况愈下的实质原因一语道破。

刘咸炘的意思是，凡事皆有一，有一则生左右，左右皆生于一。因此，凡事皆有两端。这就是"宇宙之多争"的原因，更是宇宙生生不息的根本动力。所以"夫惟病病，是以不病"（《中书·医喻》）；唯有同中有异，是以得生。世间万事万物只有变化流动，互相碰撞、参验，才有可能得到发展。用刘咸炘的原话来说就是，"用一参两，以两裁一。进退于两而以得一，酌取于一而以得两"（《中书·左右》）。只有充分认识到这种绝对中的相对，一与两之间的循环互动，才有可能在异中求同，在同中显异。中国的学术，纵言之则为源流，"道家明于纵之两，故以常道御反复焉"。横言之则为反对，"荀卿谓庄周蔽于天而不知人，卿则蔽于人而不知天，墨宋为人而杨朱为我"，都是相反相成的典型例子。在引用了《中庸》"智者过之，愚者不及。贤者过之，不肖者不及也"，又引"执其两端而用其中"之后，刘咸炘说："此儒家之大义也。《易传》曰：'中正以观天下。'儒家明乎横之两，故以中行折狂狷。"（《中书·左右》）这里的"中正""中行"，就是超越于往复之上的"太极"，也就是矫正极端、执两用中之上的"三"。

因此，一与两的归宿是"三"。根据《老子》"一生二，二生三，三生万物"，《说苑》"发于一，成于二，备于三"，还有龚定庵的"初异中，中异中，终不异初。然则仍二而已。阴阳实一太极，阴偶阳奇而为三"，刘咸炘将人生和学术分为三个层级。人生态度不外三种："一曰执一，举一废百，走极端者，诸子多如此，此最下。二曰执两，此即道家。子莫乡愿似执两，而非真执两，何也？子莫执中，实是执一。乡愿生斯世，为斯世，是不能御变……然不得谓道必流于乡愿。果能执两，则多算一箸，当矫正极端，安得但以当时为是而同流合污哉。即言御变，必有超乎变者，故道家之高者皆言守一。夫至于守一，则将入第三之高级，老、孔之正道矣。老谓之得一，孔谓之用中，此即超乎往复者也。"（《推十书·中书·道家史观说》）第一个层级是"执一"，但它是"举一废百"，先秦诸子如此，后世经学之歧出，更是如此。第二个层级是道家的"执两"，道家"执两"在于"御变"，矫正极端。如果能够执两而且用中，就是守一。第三个层级是老子、孔子之正道，就是超乎往复，统合阴阳的太极，得一而用中。此之谓"三"对"一"的回归。这套思想方法涵盖面极广，用庞朴先生的话来讲，就是"包括了人们全部世界观和方法论以及三者之正反合的演进过程"。刘咸炘的这种总结是基于儒家哲学，尤其是中国古代经学的发展状态而提出来的一套学术方法论，其真正的目的是在为中国儒家哲学寻找出路。

贯通文本，《医喻》《左右》《同异》《流风》这组文章是从哲学的方法论入手，解释儒家哲学，尤其是经学的发展何以熙熙攘攘，非左即右的原因。所以，从一个特定的角度来讲，它们是一组关于中国儒学发展史的鸿文。是刘咸炘针对经学歧出的事实，从子学和史学出发，纵以源流，横以纠偏，给经学的发展开出的一道药方。刘咸炘云："盖欲明执两御变之道，喻固莫切于此也。万物无全用，一切学无非药也；圣人无全功，一切术无非医也。世人于医，知偏之为害，而于学则不免执一，盖其效之近远异也。务于同而忽于异，昧于史而竞于子，识有通塞，观于医家而百家可知矣。故莫若以医喻。"从《推十书》的相关文本来看，刘咸炘认为，中国的经学史患的是虚症，因为得到了原始儒家之"严"，而无原始儒家之"大"，"古今言经学者，大都借经为门面"（《经略》），熙熙攘攘皆为名利，就不可能具有儒家圣贤真正精神。所以他自认为他的经学思想、学术思想就是一服十全大补的药剂。

这服药剂的秘密在于道家的思维方式和理想指归。也就是说，刘咸炘的经学思想实际上就是要借助于道家的思想资源和史学的研究方法，来补充和发展儒家哲学。其基本手段是要通过否定在专制主义威胁利诱之下的经学传统，以彰显原始儒学的真精神。刘咸炘学脉悠远，思想深沉，远承其祖父止唐的观点，始终坚持原始儒家、道家的思想才是真正圣学的观点，私淑实斋御变用中的方法，既要排除汉学、乾嘉之学的支离繁杂，又要纠正程朱以来的空疏虚浮，所以，他的经学思想千万方、千万事，始终是要回归到老子与孔子"儒道合一"的元典精神上去。

那么，刘咸炘是怎么具体描述中国儒家哲学发展的失误呢？他认为，第一，"分派最多，蒙垢最甚"，孟荀之际"已有贱儒、俗儒、小儒之目"，言外之意，似乎是在说，儒家后来四分五裂的状态，与原始儒家理论的表述形态之模糊不无关系。第二，"荀卿矫空道《诗》《书》之弊而归于《礼》，始与道家相绝而为法家之导，此实为儒失真之第一因。汉承秦俗，阳儒阴法，经师承荀之传"。刘咸炘的意思很明确，儒家思想中掺入了法家的因素之后，离原始道家的精神却越来越远，这是原始儒家丧失其"真"的根本原因。他认为，法家的渗透是儒家思想发展歧出的重要原因之一。第三，汉代以后的历代儒家，皆失原始儒家的真正精神，拘儒、杂儒、媚儒、文儒、夸儒、褊儒，层出不穷。说他们"伪"，是因为他们"得儒之严而失儒之大"，丧失了原始儒家的真正精神；说他们"俗"，是因为"达者之希世保位，穷者之随风慕禄"，本来就别有所图。刘咸炘笔锋之犀利，批判之辛辣，令人震撼。

那么，何以解决所面临的这一系列问题呢？刘咸炘实际上已经提出了解决的方法。第一，理论表述的本身应该用"简明之言"，因为只有这样才能从根本上消除"模糊之状"，使儒家思想的"根本"明朗起来。这就是他所说的要"为精微之本"，否则就会有太多的理论漏洞，被人误解，被人歪曲，被人"排诋"。第二，刘咸炘认为，儒家的"末"也有问题。从文本来看，刘咸炘所说的"末"在这里有两个意思。第一个意见，是要彻底地清除法家的毒素，这是使儒家思想"蒙垢""蒙冤"的根本原因。这个意见明显是针对晚清及"五四"时期人们对儒学的批评而提出的。第二个意见，是要"通广大之末"，"道家本吾兄弟，存吾道之一半者也"。这与其说是刘咸炘对原始儒家道家高深旨趣的一种深刻观点，还不如说，是刘咸炘面对世界的发展大势，整合中国传统的精神资源，对世界文化的一种回应。刘咸炘对中国文化始终充满自信的豪情，爱之切，故批之深。刘咸炘批判中国传统经学的"伪"与"俗"，其目的是要回归真正的原始儒家、道家的精神；与当时鲁迅等批判所谓"国民性"的目的是要彻底否定中国文化的意图形同霄壤，背道而驰。二者之间的区别及背景原因，本身就是一个深刻的课题，还有待将来进一步研究。

在《中书·学纲》中，刘咸炘指出，"昔儒""争斗日甚，书籍日繁，人厌把卷而思焚书，其故皆由统系不明，各趋极端，往而不反，终不能合"，关键的问题在于不知性。刘咸炘说："学术之多歧，由性说之不一。"是故"道之裂，治学之变，皆性之不明也。不揣其本而齐其末，是以各执一而皆穷"（《内书·故性》）。"揣其本"，就是说对原始儒家的根本精神没有坚定的信仰，"齐其末"，就是以己度人，排斥异己，没有广远的学术气度和眼光。刘咸炘指出："子思曰：天命之谓性，率性之谓道，修道之谓教。此言一而同也。吾欲释之曰：化质之谓性，化见之谓道，化俗之谓教。盖不知质之异，则无以调之而复本性；不知见之异，则无以正之而达大道；不知俗之异，则无以修之而成至教……是故欲知同者，必先明异。不明异而欲明同，则其于同也必偏而不周，浅而不深。而其为言也，必窕而无当，高而不可循。故《易》终《未济》，而其《象》曰："君子以慎辨物居方。"（《推十书·中书·同异》）刘咸炘的这段高论，确实是抓住了《中庸》成己成物、悠久无疆的实质，尤其是他把《周易》与《中庸》一以贯之，强调同中之异的思维方式，注重了辨物居方、化质为性与原始儒家思想根本大体的辩证关系，提出了"不知见之异，则无以正之而达大道"的重大学术思想。既表明了刘咸炘对中国经学史的批评态度，也展示了他自己对中国学术未来发展的十足信心。

从学术的根源和思想的整体框架上来讲，刘咸炘是十分重视与中国政治体制相表里的古代经学的。他在《中书》《左书》等各种重要篇章中的核心思想，始终都是围绕着经学的发展历史这个中心来展开其理论阐述的。刘咸炘来自传统，深刻地植根于中国的文化土壤之中，同时，他也置身于"五四"时期翻波涌浪的新文化运动之中，但是，他却能够始终保持冷静的头脑，既对新文化运动十分了解，又与它保持相当的距离。这是刘咸炘的学术思想洞若观火，切中时弊的关键原因之一。上承刘止唐和章实斋，刘咸炘不可能走全盘西化的道路；各种新文化运动思想流派彼此争斗的激荡，又使他不可能走古今文经学派的老路。高瞻远瞩，从哲学思想和研究方法上超越今古文经学二派由来已久的争斗，并且从各个层面总结它们的得失，就成了刘咸炘的必然选择。由此，刘咸炘十分欣赏章学诚"当汉宋二派交争之际，不入其门户，而独倡事理之论，即所谓持风气而不徇风气者也"，反复声称"吾宗章学诚'六经皆史'之说，于经学今古文两派皆不主之。古文家之极若章太炎，今文家之极若廖季平，吾皆以为太过"。所以，刘咸炘所处的时代以及他深厚的学养都已经决定了他既不属于今文经学派，也不属于古文经学派的学术道路，他的经学思想是他研究经学的思想。

通观刘咸炘全部的学术成果，他用力最勤、用力最深也最为精妙者，在宋史的校勘与整理。蒙文通先生、唐迪风先生因此还建议刘咸炘主持重修宋史。有宋一代，士大夫普遍轻视史学。以儒道论史，而不以史学为重。宋徽宗时，王安石的思想充塞寰宇，非《诗经》《尚书》及周、孔，不取科举。元符中（1098~1100），司成薛昂居然上书要求罢黜史学。南宋以后，吕伯恭、叶正则开始注重史学，朱熹、张横浦等"稽经以该物理，订史以参事情"，重经轻史的情况才有了一定的改变。吕伯恭实际上是浙东学派的远脉大宗，所以刘咸炘上承由王阳明、刘宗周、黄宗羲而来的章学诚，就必然会有刻意纠宋史研究之偏的意图。力倡"六经皆史"不仅仅反对程、朱以来心学末流的空疏，反对乾嘉之学抱残守缺、支离圣道，而且也是以事理的研究来面向社会现实，继承顾炎武经世致用的精神。正因为如此，刘咸炘的经学思想往往并不完全是针对经学的历史而发，阐述经学史而不囿于经学，阐述史学也不限于史学。刘咸炘的学术理路是，经史子集无所不包，古今中外无所不赅，胸怀远大，高屋建瓴，从中国整个学术史出发，对中国古代经学研究的历史事实进行了时代性的评价。

这种宽阔的理论视野和深厚的学术修养，决定了刘咸炘的经学思想。在《推十书》中无处不在而又鳞爪隐约，淹贯经史而又融通儒道。其特殊的理论形态，使我们的总结工作有一定的困难。不过，在《推十书》中有《经略》一文，虽然不能体现刘咸炘经学思想的开阔与深厚，但是，由于该文的论题比较集中，以《经略》体现出来的经学思想为主要脉络，整合全部《推十书》的相关思想，具体从以下几个方面具体讨论刘咸炘关于中国古代经学史的高论。

第一，刘咸炘虽然力倡章实斋的"六经皆史"，其用意在于打破古代经学一统天下的局面，从而营造一种观照天下一切学问的学术形态。但是，与章实斋根本不同的是，刘咸炘是原始儒家与道家坚定的捍卫者，其学术体系的最高旨趣是尊奉原始儒家与道家的"道"。在全世界纷攘、扰乱的局势面前，他认为只有融会原始道家、儒家的"任天""圆道"，知来藏往，御合统分，以公统私，才有可能复归中华民族由来已久的"大道"。因此，他在经、史、子、集四部关系的排列上，一直坚持"史即经之流，集乃子之流"，"经乃子、史之源"的重要观点，"从吾之法，经部为源，史部为流。申明源流，众知史部之皆出六艺"，由此可以得道。刘咸炘推崇章学诚"六经皆史"之说，只是在校雠学的方法论上吸收了章实斋合理的因素，而在根本上没有任何贬低六经的意味。因而，治四部之法，首务"尊经"，然后"广史""狭子""卑集"。按这样的逻辑，不通经典就无以为人，无以为学，无以为文。在《经略》一文中，刘咸炘认为，"经之训常也"。也就是说，经学的存在是合理的。从《经略》的行文中可以看到，对于尊崇儒家经典的客观诠释，刘咸炘并没有任何反感、批评的意见。刘咸炘反对的是经学的歧出。言外之意，在文章的背后，刘咸炘实际上已经提出了什么是经学的重大问题。经学的内涵与外延是什么？它应该遵循一些什么样的基本原则？通读《经略》，可知刘咸炘支持董仲舒"《易》无达占，《诗》无达诂，《春秋》无达辞"的论断，认为经学从学术的角度上来讲，就是应该有创造性的义理诠释。他说："凡学以自得为主，若一徇人，则虽至古之学，无不变为俗学者。"由此可知，刘咸炘坚决反对一切形式的门户之见。更为重要的是，刘咸炘认为，"要之经义深切著明，本以见诸行事，行敏则言自讷，言多则行必疏，观于两汉、六朝可知矣"。因此，"培忠厚之情，阅善恶之状，发恳至之诚，习敬谨之节"，才是经学的根本前提和基础。离开了做人、做事，离开了修、齐、治、平，绝无经学可言。只有在做人、做事的基础上，才可能有真正的经学。但是，经学又不仅仅只是做人、做事，刘咸炘的所谓经学就是要"为精微之体，通广大之末"，融会原始的儒家、道家，涵泳经典，经世致用。这就是"发于一，成于二，备于三"，超乎往复，统合阴阳而返本开新。说得更简明一些，就是温故而知新的创造。

第二，经学的文本"六艺"皆"不刊之典"，因此，"制变而义不变，不常之常也"。在义理把握与名物考据之间，刘咸炘极力主张以义理把握为经学的正宗。但是，先秦经典的义理已经达到了"任天、圆道"的最高境界，因此"学经要在涵泳经文，勿先存成见"。正是从原始经典的角度，刘咸炘认为，除了老子、孔子、孟子外，墨子、庄子、荀子、管子、韩非子等各家各派，均得圣道一偏，为"道"之歧出。即便如此，刘咸炘同时也认为："后世诸子之书，理不能过乎周、秦，徒能引申比类，衍而长之耳。"所以，中国古代的经学史在思想上并没有根本性的创造，都是因为功名利禄所驱使，而惮于专制高压的文字狱，皓首穷经而自欺欺人。刘咸炘对此深为不满："经以道法胜，史以事辞胜。经非一代之实录，史非万世之常法"，没有思想的创新、创造，经学、史学都不可能有所发展。但是，"西汉人好利，东汉人好名；唐人好利，宋人好名；元人好利，明人好名，近人好利"。"好利者气弛，人近杨，而节义不重；好名者气张，近墨，而行谊可观。"名与利实际上都只是精神上的枷锁。在名与利的驱使下，任何思想上的创新都是不可能的。因此，历代经学今古文学派的争斗，"只争字句篇第之异同，与大义无发明也"。刘咸炘一针见血地指出："群经纲领，实惟《论语》《孟子》中之。《孟子》兼明六艺，归之大本，千年以来，已尊列于经矣。汉学家鲜治《论》《孟》，盖以二书鲜名物，而又为宋学所尊，舍本务末，不足与辨也。"这实在是点到了乾嘉学派缘木求鱼、舍本求末的痛处。尤其值得注意的是刘咸炘下面的这一段表述："汉学家动云不通训诂名物，则义理不明，固是。然不闻不博考名物，则义理不明也。且如汉学家之言，形声训诂，白首不能尽通，待何时乃明义理耶？孔子固曰多识鸟兽草木，然古今名异，又安能待尽知天下物类，考遍群籍而后言《诗》耶？故考据之学，于经诚有功，诚足自名其学。若欲使学者必皆如其用力，以为不如是不足以言经学，则圣人述经之志亦荒矣。"

1840年以降，学界这样的批评、讥讽是很多的。马宗霍先生的《中国经学史》在这方面所持的观点是比较平和、客观的。但是，马氏也说，乾嘉考据之学至段玉裁、王念孙，"已造其极，功成者去，诸儒既运而往矣，后来者有辄可循，自当体诸儒津逮之苦心，以薪至于通经畜德之大道。使犹旁皇歧路，罢老尽气，上下而求索，则是以保氏胜衣所就之业，为终身托命之学，将见幼童而守一艺，白首而不能言，其不蹈锢聪明于无用之讥者几何哉"？可见其中的分寸确实难以把握，弄得不好就会走火入魔。在刘咸炘看来，孤立的"考据"乃是经学的末流，"考一字，证一事，辗转稗贩，何尝自得？单文孤证，亦亶曼也"。况且，所谓的博学者，"便辞巧说，破毁形体，说五字之文至于二三万言，后进弥以驰逐，故幼童而守一义，白首而后能言，此学者之大患也"。历史地来看，如果我们确实看到了乾嘉学派在有清一代所造成的恶劣影响，就丝毫不会认为刘咸炘的批评有任何的过分。不仅如此，即便是在当今中国的学术界，也是振聋发聩。考一字，证一事，辗转稗贩，固然离题千里，但是，空言义理，崇尚虚谈，也同样是经学的危害。刘咸炘认为，宋代程朱大儒，并不是不知道这个重要的尺度，但是，他们的"末流则专衍义理，流为讲章，言不能要，旁引无穷，徒费竹帛，计拙而导人于肤，乃谓汉儒不求义理，可谓大误"，尤其是"《论语讲章》《孟子文评》《大学改本》，皆经之蠹"，贻害无穷。之所以有这样的结果，与朱熹本人在《四书》的注疏过程中"过高、过深、过厚"的痼疾有直接关系。因此，"经义之乱，汉、宋两家皆不得辞咎也。"

第三，皮锡瑞与廖季平都曾表示过，今古文之争，根本原因在"为利禄"，用刘咸炘的话来讲，就是"今古学之起，起于学官博士之争"，"今文者，汉之符也；古文者，莽之资也"。在这样的情况下就不可能有真正的学术研究，先圣的经典、经义就会引发混乱。刘咸炘以古文《尚书》为例，论证并揭露了古文经学家们相信近人的篡改而不相信原始古文的荒谬，也批判了今文经学家如廖季平氏，穿凿附会十之五六，由所言推所不言，以平常为奇特，以演绎推补之法，托古改制，变来变去，滑稽可笑的事实。所以，经典、经义的混乱，在刘咸炘看来，主要原因是人们没有坚持原始儒家、道家的精神："陆象山谓六经注我，我注六经，固妄诞矣。汉学家之琐琐于一名一物，不惮繁称，以圆其说，岂非六经凿我，我凿六经乎？吾谓古今言经学者，大都借经为门面。宋学欲自圆其虚锋，汉学欲自矜其丑博，不自甘为虚锋丑博之学，乃依附于经而自命经学。弄话头，岂经义耶？考名物，岂经义耶？"

刘咸炘在这里既批评了心学家陆象山的"六经注我，我注六经"之说，也批评了清代汉学家们"六经凿我，我凿六经"，十分辛辣。"妄诞"之谓，当然是狂妄、怪诞。在刘咸炘看来，陆象山的观点，不仅没有尊崇经义的端悫、平实和诚意、敬意，而且更是割裂经典、肢解经义，不足与议也。对象山的评价，涉及了刘咸炘对佛教的评价。刘咸炘只以老、孔为归依，对深受禅宗影响的象山哲学的态度就可想而知了。但是，与此相反，"琐琐于一名一物，不惮繁称，以圆其说"的乾嘉汉学家们，比陆象山的割裂与肢解就更加严重，为什么？刘咸炘并不是反对必要的考证，他说过："汉学家动云不通训诂名物，则义理不明，固是"，适当的考证不是没有必要，但问题在于"不闻不博考名物则义理不明也。且如汉学家之言形声训诂，白首不能尽通，待何时乃明义理耶？孔子固曰，多识鸟兽、草木，然古今名异，又安能待尽知天下物类、考遍群籍而后言诗耶？"汉学家们把一个本来正确的观点推向了极端，就进入了荒谬的境地。刘咸炘透过现象，看到了中国经学发展的本质。

相对于其他国学大师而言，刘咸炘在批评中国传统经学方面，态度最为激烈，挖掘中国传统经学的丑陋之处可以说是不遗余力。但是，值得我们特别注意的是，刘咸炘是非常热爱中国文化的，他对中国文化原创性的认同感也是最深、最强的。刘咸炘十分尊重原始儒家的经典，他反对和批判经学史上的利禄之学，而不是他所希望的经学诠释。与此同时，刘咸炘也十分厌恶西方的进化论和所谓的平等自由。他认为适者生存、自由平等之说在人类社会的进程中有一定的合理性，但是这种学说"矫枉过正，因噎废食。自由之极裂其合，平等之极混其序。自由平等之极，欲并纵横之系属而绝之。而生物家等观人物之说，适盛于是。舍人从兽，倡言不耻，标野鸭之放逸，慕蜂蚁之均齐。如其所见，人之自由平等乃不如禽兽远甚矣"。刘咸炘更厌恶第一次世界大战以及四川军阀巧取豪夺、草菅人命给广大人民带来的无边灾难，他从内心深处向往老子和孔子的哲学理想，向往中华元典中所描述的王道乐土。当今世界国际霸权主义翻手为云覆手为雨的现实，市场竞争给我们整个社会带来的负面影响等各个方面，已经从多个层面证明了刘咸炘上述批评的正确性。正因为如此，他在《推十书》中多次表达了"吾常言吾学乃儒家兼道家。儒家是横，中合两为一；道家是纵，观其两，知两乃能合一"的学术理想，坚信只有原始儒家、道家的精神才能挽救全人类的苦难，才能够把人类带向光明。他的诗歌写道："人海风涛总未平，萧条秋气倍凄清。挑灯忽忆兴亡事，闭户难禁浙沥声。晦景鸡鸣悲乱世，故庐蠖屈幸吾生。年来已断沧桑感，但视银河洗甲兵。"凄凉、深沉、沧桑，向往和平的愿望洋溢于字里行间。刘咸炘巨大的沧桑感，并不仅仅来自现代社会你争我夺的国际国内形势的混乱，而且也来自各趋极端，往而不返，终不能合的经学历史。他对中国学术的希望，也是他对中国社会历史发展的希望。

刘咸炘有关中国经学的各种思想，都是在当时的历史条件下，面对中国的各种问题而提出来的，所以我们对刘咸炘的各种意见必须要有同情的理解和理性的把握。

第一，刘咸炘生当晚清，既反对宋明理学的空虚浮泛，又反对乾嘉考据的琐碎支离，提倡涵泳经典，兼通义理与考据，二者一以贯之，走义理与考据统一的路，实在是精妙至极。刘咸炘在《经略》中也说得很清楚："汉儒重《礼》。东汉儒者能由《礼》，六朝则徒为烦说而行背之。唐沿其习，宋儒横渠专言《礼》，朱子亦深于《礼》，而末流高谈心性，陆、王则并束不观。顾亭林特以《礼》为教，以辟讲学者，固有障澜之功，而汉学家遂专讲名物训诂，门户之见，非亭林之初心也。吾党当用其中。"执两用中，始终是刘咸炘经学思想的出发点。尤其是刘咸炘不仅仅讲"执两用中"，在《经略》一文中，更重要的是讲经学的发展必须"时中"的道理。但是如果把刘咸炘经学思想的眼光局限于义理与考据的并举与"时中"思想的精妙，那是远远不够的，因为刘咸炘的学术根本在于"一生二，二生三，三生万物"和"发于一，成于二，备于三"，他的意图是要超越以往经学"各趋极端，往而不返"的状态，从老子、孔子的原始经典出发，涵泳经文，横以用中，纵以御变，儒道互补，而归宗于老子的倚伏、正奇和孔子的"执两用中"，参赞天地而合归大体，复归"大道"。这对我们当今反思和发展中国经学的传统应该具有特别的启发作用。

第二，置身于第一次世界大战和军阀混战的时代，刘咸炘坚决排斥西方的进化论和自由民主思想，刘咸炘并不是反对自由民主的合理性，而是非常犀利地看到了自由民主的负面因素，反对矫枉过正，走向极端的趋势。与此同时，他又严厉批判执一而废百、各趋极端的经学发展历史，要在学术体系上回归老子、孔子的原始精义，以老子、孔子的原始道家与儒家的思想来统摄全世界的学术。现在看来多少有些过分。但是相比之下，显然比马一浮先生"六艺之教，通天地，亘古今而莫能外也；六艺之人，无凡圣、无贤否而莫能出也"的观点明显要理性多了。尤其是相对于当时发誓"不看中国书"的吴稚晖、陈颂平等严重的西化学者来讲，刘咸炘弘扬民族文化的境界和精神完全大不相同。在刘咸炘已经仙逝八十多年后的今天，我们不能不理性地说，任何时候，中国文化只是世界文化的一个组成部分，而且中国文化的发展从来没有离开过对外来文化的涵摄，没有各种层面的文化大融合，中国文化的发展完全不可想象。因此，如果我们现在要重铸中国文化的辉煌，不可能不涵摄外来文化，在目前的世界大格局之下，脱离了外来文化，中国文化实际上是不存在的。

第三，中国古代经学所存在的问题是大家有目共睹的。在中国经学史上，"当两汉经学极盛之际，而有王仲任；当两宋理学极盛之际，而有叶水心；当清代汉学极盛之际，而有章实斋。三人者，其为学之径途不必同，而其反经学尚实际之意味则同"。经学的批判是很有必要的，任何事物也只有在批判中才能得到发展。刘咸炘置身于"五四"运动的历史背景之下，坚定地捍卫中华民族传统精神，高举章实斋"六经皆史"的旗帜来批判经学，实际上是要为中国文化的发展寻找出路，是深入中国文化母体之中寻找中国文化的合法性与普世性。其中的良苦用心，是我们今天很难体会到的。从《经略》一文可以看到，刘咸炘在传播中国经学的时候，态度十分诚恳、客观，不仅充分地肯定了在中国经学史上真正作出过贡献的作家作品，而且在经学的理论上也时时注意阐发、总结，努力做到史与论相结合，夹叙夹议，提纲挈领，力透纸背。刘咸炘反对和批判的是"执一而废百"，为利禄所驱使，歪曲原始儒家经典精义而别有所图的"经学"。所以，实质性地讲，刘咸炘不仅不是反对经学，而且是要从根本上大力弘扬经学，弘扬中华民族的根本精神。只有从这种层面来理解刘鉴泉，我们才能从根本上理解经学研究的当代意义。

# 第7章

## 诸子学思想

刘咸炘的诸子学思想在《推十书》的各篇章之中交织融汇，或隐或显。或直奔主题，或迂回曲折，经学隐含子学，子学不忘经学，相辅相成，相得益彰，内容丰富、深厚、渊博。相关思想散落于《〈儒行〉本义》、《〈大学〉〈孝经〉贯义》、《〈中庸〉述义》、《〈孟子·离娄篇〉上十三章综义》、《〈礼运〉隐义》、《〈老子〉二抄》、《四书杂说》、《〈中庸·诚者自成章〉释》、《礼废》、《兵略》、《游侠述》、《老孔授受考》、《孔子生年月日决编》、《进与退》、《动与植》、《〈孟子〉章类》、《长短经》、《概闻录》、《子疏定本》（上、下）、《旧书别录》（八卷）、《诵老私记》、《庄子释滞》、《〈吕氏春秋〉发微》、《〈荀子·正名篇〉诂释补正》、《〈礼记〉温知录》、《诸子略》、《不熟录》等各篇章之中，其中，《子疏定本》《旧书别录》最为集中。

刘咸炘的诸子学思想是他《推十书》整体思想的一部分，因而，他在这方面的成就与《推十书》其他方面的思想也就具有深刻的联系。总的来讲，刘咸炘不仅是一位校雠学家、历史学家，而且也是一位思想家，因而他的诸子学具有与众不同的显著特点。既在版本甄别、思想异同等方面具有深厚功底，又在学术发展脉络、文献源流的传播方面考镜源流，曲尽其全。同时，他始终站在自己的哲学立场上，对各路诸子进行了深入的分析，对历朝历代众若过江之鲫的诸子学者的学术观点进行了画龙点睛的评述，尤其是广泛甄别、援用、评价了近现代以来声名鹊起的现代思想家的各种相关观点，而且站在中西哲学思想的比较角度把中国先秦时期的诸子与西方的各种思想流派予以有意识的比较，以特殊的方式回应了当时西方学术方兴未艾的态势和"五四"运动时期的思想家们对中国文化的态度。

　　刘咸炘的子学研究所涉及的子学代表极为广泛，各家各派，凡是稍微有一点点踪迹可查者，均在他的讨论之列，而且是条分缕析，一览无余。刘咸炘从校雠学出发，写出了洋洋大观的《子疏定本》和《旧书别录》两部诸子研究的巨著，从远古、三代、春秋、战国、秦汉、六朝到宋元明清，草蛇灰线，千里伏脉，源远流长。材料搜集之深入、全面，版本考订之细致、严谨，作者思想研究之犀利、尖锐等各个方面都取得了惊人的成就。在笔者看来，刘咸炘的诸子学研究不仅远远超过了清代的汪中、焦循、王念孙、王引之、毕沅、戴震、章学诚、孙星衍、阮元、俞樾、孙诒让、王先谦、龚自珍、皮锡瑞等诸位大家，而且也远远超过了当时名声大噪的康有为、廖平、章太炎、谢无量、陈澧、刘师培、梁漱溟、梁启超、陈柱、黄侃、马叙伦、胡适、钱玄同、朱自清、蔡元培、吕思勉等大家耳熟能详的人物，实在是令人叹为观止。之所以取得如此巨大的成就，关键在于：第一，刘咸炘掌握了校雠学，尤其是他对诸子百家著作的具体内容极其熟悉，因而在思想的考镜源流、人物的知人论世和版本的考证甄别等方面，具有前无古人的手段。第二，刘咸炘初步接触了西方哲学思想，视野较前人更为辽阔。因而，其诸子学不仅能够有深度的纵向追溯，而且有宽广的横向比较。第三，刘咸炘家学渊源极为深厚，从刘止唐到刘咸炘，家学殷实，沉积厚重，已经形成了捍卫中国文化的坚实思想和人生哲学的态度。在此基础之上，刘咸炘的治学态度之严谨，刻苦研究之勤奋，吸收新思想之快捷，完全超出了我们的想象。

刘咸炘学术之所以成功，关键在于他始终把学术研究的方法置放在一切研究之先。在诸子学的研究方面，刘咸炘也是这样的。刘咸炘在其《子疏定本》（1931）鸿文中开门见山地写道："治诸子之工有三步，第一步曰考校。考真伪，厘篇卷，正文字，通句读，此资校雠学、文字学。第二步曰专究。各别研求，明宗旨，贯本末。第三步曰通论。综合比较，立中观，考源流。明以前人因鄙弃诸子，不肯作一二两步而遂作第三步，故多粗疏概断，割裂牵混之习。近百年人乃作而局于守文，于二三步又太疏。最近数年中始多作第二步工者，然误于尚异，于第三步则未足。今第一步工尚未完成，第二步亦尚疏略，似不应言第三步。然不明宗旨，无以定真伪；不知比较，无以别其异。又非先立中观，无以尽比较之能。"由于家学功底十分深厚，源远流长，因此，刘咸炘在版本校雠学、不同思想家的异同鉴别等方面造诣很深，对诸子的各种著作具有深刻的把握，因而他的"通论"没有任何空疏、浮泛的痕迹。由于刘咸炘是一个绝顶聪明的人，因此我们看到了他在讨论诸子学时纵横捭阖，旁征博引，三步整合，整体推进的行文模式，令人叹为观止。尤其令人叹服的是，刘咸炘的诸子学，在材料性的爬梳、理论性的述评之中始终透露着刘咸炘自己的哲学立场。刘咸炘的诸子学思想灵气四射，锋芒毕露，展示了一代青年思想家"前不见古人，后不见来者"的空阔气概。他对古代诸子学者的评价准确、妥当而入木三分，对当时学者的评价却又学贯中西而客观中肯。刘咸炘的诸子学，高屋建瓴，始终都是要纠诸子思想之偏，而回归到老子、孔子的中国文化正道上来。说到底，就是要重建、重构，或者说改造历代专制主义统治下被曲解了的中国传统文化精神。

研究刘咸炘的诸子学说，关键还是要从他的哲学思想入手。刘咸炘的哲学思想就是要回归老子的"太古道"，整合老孔，立足中观，任天圆道，以老子、孔子、《孟子》和《中庸》的中正平和，天人冥和，天与人相续相连来评价先秦诸子的偏执歧出，往而不返。正因为他具有这样的哲学立场和研究目标，因此，他就拥有了评判各种学术观点的思想武器，尤其是，他也同时拥有了立主脑、贯本末、考源流、综合比较的立足点，底气十足。刘氏写道："中观之说，著于《七略》，然非刘氏所创也。九流之末，有兼合之杂家，《吕氏春秋》其标也。庄周、荀卿所持，可谓偏反，而其评议诸子，则必先立全道。今取《庄子·天下篇》《荀子·解蔽篇》《吕氏春秋·序意篇》及《七略·诸子类叙》，集而详说之，以为治诸子者之导。诸子之学久晦，昔人多未讨源流，故其注说多望文生义。近儒始精音训，然于文例犹有未审，又以求义之功犹少，往往昧于专名，乖于本旨。今之所说，多不沿袭前人，亦不详为博辨，以省烦缛，期明其意而已。"在这里，第一，刘咸炘十分注重材料"考校"和文本的"专究"，刘咸炘将"中观之说"从刘歆校雠学的领域提升到了思想的世界，把诸子学的研究从文献整理的视域提拔到了哲学的境界。第二，刘咸炘对先秦各家评论诸子的著作都有不同程度的批评，其核心问题在于"偏反"。但是刘氏并没有全盘否定它们，而是"集而详说之，以为治诸子者之导"。这是刘咸炘的气量与胸怀。第三，刘咸炘对乾嘉以来专精于经学，忽视诸子学研究的状态提出了批判，谓"诸子之学久晦，昔人多未讨源流，故其注说多望文生义，近儒始精音训，然于文例犹有未审，又以求义之功犹少，往往昧于专名，乖于本旨"，可谓切中肯綮。刘咸炘不是人云亦云、以讹传讹的人。因此，刘咸炘的诸子学"多不沿袭前人"，这是刘咸炘的风骨、风格、风采。

在《子疏定本》开头，刘咸炘对《庄子·天下篇》《荀子·解蔽篇》《吕氏春秋·序意篇》和《汉书·艺文志》进行了一番注视、梳理、解说，但他真正的第一项工作却是继《进与退》《动与植》之后撰写了一篇《附论》，在进一步讨论中国与西方文化不同的基础之上，专门讨论了途经日本翻译而成的"哲学"一词所笼罩下的西方"哲学"概念。他认为，这个概念仅以本体论与认识论为主，境界狭隘，不适合于中国相应领域的实际。相对于中国先秦诸子的实际情况来讲，"中国哲学""本非妥当之称"。刘咸炘认为，"西之学重于求知万物，中人则重于应对万物。西方古哲学生于闲暇辩论之习，中国周、秦诸子则生于乱世，故其说多为社会问题"，"惟中人于人生社会之原理则讲之甚详，精透之言多为西人所不及，然则与其谓之哲学，毋宁谓之理学之为当矣"。刘氏进而又说："中学以人为中心，故多浑合，每一宗旨贯于人生及政治、生计一切问题。止有某家某家，而不闻某学某学，故人谓中国有术而无学，西人非不究人生，然其于人生亦视为一物而欲知其究竟，故其问题为人生何为，人从何处来，人从何处去，皆在人外求之。中国则既承认宇宙自然，故亦承认生为自然，不复逆追以问生何为，而但顺下讲何以生，何以善生，此亦即学术之异也。由此观之，与其称为理学，又毋宁依《庄子》而称为道术之为适当矣。"刘咸炘相关的论述在《推十书》中相当多。

刘咸炘的《子疏定本》这个开头，目的就是要站在"道术"的角度来研究先秦诸子学。这是刘咸炘的深意，更是刘咸炘诸子学与众不同、不同凡响的一个惊人开头。刘咸炘的意思是，他要讨论的先秦诸子学并不是西方人所说的先秦诸子的"哲学"，而是站在"道术"的立场上来讨论先秦诸子的中国思想。所谓道术，就是天道人道，就是成人成己，任天圆道，就是天人群己，天人合一。在刘咸炘看来，这种古老的学问，是来自西方的"哲学"概念不能概括的。

与《庄子·天下篇》的观点一致，刘咸炘认为先秦诸子是"大道"撕裂的结果："大道散而后有子术，未散，则止有官学；空论兴而后有子书，未兴，则惟有记载。此庄周、章学诚所以详论者也。"但是，刘咸炘的论述有他独特的慧眼："盖道术也者，人之生活法也，有人而即有之。古初之时，自有其原始之理学，虽粗略而大体有所成，华夏古圣聪明胜常，观于《大易》，其高深可见。然其施于行为之节者，则大抵为老者经历所得之成训而已。道不离事，故智归于老。更事既多，则明于平陂往复。之理，而以濡弱谦下为归，固自然之势也。立身处世之道，惟此而已。首出庶物之先王，亦即明于此者也。此于华人民性，亦有因缘，盖定居最早，农化已成，农国之民，固宜柔静，与异族之久为游牧，性好斗动者殊。华人以黄帝为远祖，道术托始焉，直至于今，民性不变，普及民间之格言，犹此道也。特其言平通不似后来道家之深严。道家之专名，则在诸子既分之后，与儒正同。因诸子各标宗旨皆反先王，于是守周道者，袭术士之通称，而名为儒。传原古之说者，袭道术之通号，而名为道家耳。"刘咸炘道术源于生活的说法，深受刘止唐的影响，而且也与明清之际的泰州、龙溪、李贽、章实斋等学派多有关涉。"道术"来自"古初之时",首出庶物之先王,就是上古时期的生活之法,"有人而即有之",这是追本穷源的路数。把"道术"的发生与"定居最早""农化已成",中华民族的早熟以及相应的国民性结合起来,也是深刻的洞见。因此,依据他的政治理想和历史发展观,刘咸炘始终认定,先秦诸子的老祖宗是老子和孔子,老子与孔子的哲学思想是相通的、互补的。庄周恣意表述,往而不返,离开了"中道",没有得到老子的真传。孔子的学问是老子"太古道"的继续。孔子之后,曾子、子思子、孟子一系乃是先秦学术中正平和、任天圆道的正宗。其余的各路诸子之学全部都是非左即右,非虚即实。杨朱、魏牟,皆由老子思想之"贵身"的思想而歧出;田骈、慎到,则由老子的"无为"而歧出。又如,子夏、子游在七十子中地位很高,是孔子经学的传人,但是刘咸炘对他们评价并不很高。刘咸炘云:"盖子游之徒长于礼,常为人相助礼事,故浸以成习。由此可见当时丧礼文胜而侈,故《墨子》矫之,而以为儒罪。"在刘咸炘看来,这就是子夏、子游没有传承孔子精神实质的原因。

不论刘咸炘的诸子学架构是否有疏漏之处,不论是否真正反映了先秦诸子思想的实际状态,在近现代初期,在用新的方法和视野撰写的中国哲学史著作还十分稀少的情况下,刘咸炘的创造性构想毫无疑问是具有创造意义的。第一,它首先是一个创造性的哲学体系,然后才是研究性的学术体系。这正是刘咸炘走出故纸堆,反乾嘉学派而动的一阳来复,是对以往中国学术"往而不返"的一种纠偏行动。第二，在这个体系中，其名为先秦诸子之学的演化过程，实际上却是用中国文化的中正观念，中和思想，来评判先秦诸子学术发展源流的一次重要的尝试。它受到了章学诚"六经皆史"的影响，但是又走出了章学的樊篱。实际上，刘咸炘用先秦诸子学来论证老子与孔子的正确性只是其手段，其真正的目的是要寻找和弘扬"天人合一""任天圆道"之中国文化的合理性。第三，刘咸炘以整合老孔，立足中观，平和中正、任天圆道、天人相续相连的哲学思想回应了"五四"运动的偏执，反击了西方文化在中国甚嚣尘上的荒唐。在《动与植》与《子疏定本》中，刘咸炘凭借研究墨子思想的契机，讨论了墨子思想为什么不能在中国长足发展的原因，论证儒家"人道""推恩"思想的合理性，进而把西方哲学的"自由、平等"与墨子"兼爱""非乐"比较研究，由墨子在中国的命运，来看西方哲学在中国的未来；由批判墨子，进而批判极力推崇墨子、贬低孔子的胡适，以次来回应"五四"时期思想的偏颇，这是高妙至极的做法。

刘咸炘诸子学千里伏脉，顺藤摸瓜，考镜源流，曲尽各种学派发生、发展的情委。不仅仅对各家各派内部的发展原委条分缕析，而且对各家各派之间彼此的影响与渗透，也是打破砂锅问到底，务必挖掘得清清楚楚。在刘咸炘的笔下，先秦诸子学是一张巨大的充满活力的流动之网，你中有我，我中有你，彼此之间隐含着不可抗拒的历史必然性。

刘咸炘的成就正是在校雠学的基础上讨论先秦诸子学的形

成过程与发展，体现得根源深厚，与众不同。刘咸炘"西方古哲学生于闲暇辩论之习，中国周、秦诸子则生于乱世，故其说多为社会问题"的说法完全抓住了问题的实质。相对于诸子学领域其他的学者来说，刘咸炘是推崇老子、孔子之"太古道"的学者，但是，他对先秦诸子的研究却异常深入、认真、重视。比如，刘咸炘在墨子的研究上面花费了大量的笔墨和精力，而由罗焌所著、岳麓书社出版的《诸子学述》却完全没有提到墨子，把大量的篇幅投入孔子与孔子的弟子身上，少半部分投入道家身上。刘咸炘不仅对方方面面的重要大家都有研究，而且首先要对该学派代表作品的源流和版本进行深入的讨论，然后知人论世，讨论代表思想家的思想脉络。例如，在《子疏定本》中，刘咸炘在论述到《管子》一书时写道："是书《七略》入道家，后世目录则入法家。严可均曰：《内业》实是道家余篇，则儒家、阴阳家、法家、名家、农家、兵家，无所不赅，若改入杂家，尚为允当。谭献曰：道家初祖，周礼大宗。按：二人之说，皆未细也。秉要执虚，古圣所同，不得谓为初祖。春秋时无上法皇帝之说，沿用周法，乃其常也，且王霸异术，但外法多同耳，不得谓为大宗。礼义、廉耻、仁政、爱民，诸子皆言之，不得以为儒家。道家本法天，古政本顺时，与邹衍之说，似同实异，不得以为阴阳家。名、法相连，道家、法家之正名，与施、龙之辩殊，不得以为名家。务地贵粟，古之政要，李悝、商鞅亦与许行、白圭异趣，不得以为农家。要之，管子时无著书之事，亦无道家、法家之名。

《牧民》之张四维，《大匡》之处四民，诚管氏之可称者。变执虚而为俟动，假礼义以求富强，霸者之道，固当为管氏之本术。霸功既为时所重，学术亦流衍而失真。既变执虚，则阴行之说自必同于计、范，既尽富强，则耕战之说自必同于李、商。既变执虚，尽富强，则法术之说自必同于慎、申，故圣道之降为诸子，霸术实为之中枢。学既流衍，学者遂托管仲为始祖，而推衍其说，多非仲之本旨矣。今读其书，视为道家、法家而已，不必问是仲非仲也。为是书者，其于申、商、孙、范，或先或后，其所师耶，其所傅耶，皆不可断言也。"刘咸炘文章的好看，在此可以一睹风采。灵气四射，却完全基于说理；以立论为目的，却完全走的是驳论的途径；高屋建瓴，纵横捭阖，但是事事、人人都落到实处。值得注意的是，刘咸炘在这里绝没有任何拿着鸡毛当令箭的陋习，不能断言作者归属的，一律实事求是。

不仅如此，刘咸炘在撰写诸子学著作的时候，每一部著作他都亲自认真研究过，绝不作空疏的文章，这是他的原则。在这个原则之上才有他所谓的通论。例如，在《子疏定本》中论及庄周的时候，刘咸炘首先讨论前人评说的是非曲直，之后讨论内、外、杂篇的文献出处与要旨，然后从道体、道术、辨析名理和讥斥儒、墨四个方面总结全书的思想纲要。然后结合各个篇章具体深入地讨论了老子与庄周的关系、庄子与儒家的关系等诸多方面，每每提出出人意料的观点："人之述《庄子》，每举《齐物》《秋水》与《骈拇》《胠箧》，而吾则举《天道》

与《刻意》《缮性》，以为明乎此而后彼可明也。"这就是他的独到之处。如果刘咸炘不深入进行文本的研读，这种话他是说不出来的。在他的诸子学研究之中，这种类似的观点很多，往往令人刮目相看。例如，刘咸炘写道："夫道有本有末，本者，天也，一之无为。末者，人也，万之有宜。六艺之于有详矣，故老子五千言多言无恐逐末而忘本，故其进孔子皆反于本。孔子既受六艺于老子，述而明之，更言为仁之功，所以存本也。儒之末流但拘于末而不知本，七十子之裔已有知礼而不知性者，百家又起而乱之，故子思作《中庸》，明本末之一贯。神奇平常，交互言之，所以救偏也。庄周者得老氏之绪，而放言离宗，激于言末，反而多言本，故自言于宗稱适而上遂，然上遂而不下推，但言无为，而不言有宜，故于诸子最为近道，而终于一偏。其《天地篇》曰：治内而不治外，如自言其偏矣。荀卿谓《庄子》蔽于天而不知人，是也。然荀卿又蔽于人而不知天。荀卿知礼而不知乐，庄周知乐而不知礼（《天运篇》言乐最详）。荀卿知分而不知和，庄周知和而不知分。二子者之说，以御百家有余矣。虽然，周非不知人也，特矫之过直耳。观《在宥篇》末条、《缮性》首条、《天运篇》中北门城一条，固非废礼义也。荀之于天则竟不知此，荀之不及庄也。然放言多失，不可为教，当思之弊，不以学矫之，而偏为奇恣，适足以助之耳。周之遗祸后世，亦不浅矣。"这段话说得是相当老到。先纵后横是为了立自己的主脑，考镜源流是为了探究思想发展的来龙去脉。明明是在讨论庄子，但是无不与荀子相对而出。此可谓相得益彰，相辅相成，相映成趣。刘咸炘在比较之中探赜索隐，辩论是非的起点、立场、眼光与胸怀，都十分高远。他表面上是在讨论诸子之学，实际上却是在纠正诸子发展之偏，是在捍卫老子、孔子有本有末，天人冥合，涵括天道人道的"道术"正宗。这既是对诸子学发展的研究，是对诸子个案的研究，也是对西方文化甚嚣尘上的回应，更是对当时中国文化归宿的探索与重建。

刘咸炘的诸子论十分重视各家各派的是非曲直，彼此之间的关系以及区别，批隙导窾，阐幽表微，令人心服口服。例如，他在讨论宋钘、尹文时，以各种文献为基础，把墨子、庄子、田骈、彭蒙、慎到、申不害、公孙龙子等，全部诉诸笔端，曲尽比较之能事，精妙至极。又如，他在论述兵家的时候，首先指出"权谋之说源于道家"，接着就论述道家与兵家、权谋之术有根本的区别。然后讨论版本，进而涉及了兵家不同的派别（"贵势""贵先""贵后"）。在提及《孙子兵法》与《吴起兵法》"其书纯全，不须条别"的结论之后，就讨论吴起的思想来源，因为司马迁《史记·孙子吴起列传》说"好用兵""猜忍人"，并且"贪而好色"的吴起"尝学于曾子"。这对刘咸炘整个诸子学的根本体系来讲就是一件大事，因为刘咸炘的观点是，老子、孔子是"太古道"的源头。继承发扬的人是曾子、子思子和孟子，而曾子则是这个"中观"链条中的一个环节。曾子的学生中怎么能够出现像吴起这样的人呢？于是刘咸炘写道："沈钦韩曰：其年不相当。《经典序录》吴起受

《左氏传》于曾申，非曾子。'"沈钦韩是乾隆间考证、训诂学高手，著有《两汉书疏证》《左传补注》《左传地理补注》《水经注疏证》等著作。事实胜于雄辩。就这么一句话，干净利落，一条史料定乾坤。

刘咸炘的诸子学之最为感人者，在于他本本书都看过，认真研究过。也就是说，他的"专究"功夫好生了得。例如，刘咸炘在写商鞅的时候，顶头一句话是："尸佼之徒。"虽然这是《汉书·艺文志》里面的观点，但是，刘咸炘用在这里，却是抓住根本的做法。因为尸佼是一位杂家。刘向《荀子序》曰："尸子著书，非先王之法，不循孔氏之术。"然而，尸佼就像《吕氏春秋》一样也是相当复杂的一个状态。这种状态最终影响了商鞅思想的复杂性。然后，刘咸炘在著作的篇目内容上对《商鞅》进行分类，根据《韩非子》《淮南子》《群书治要》《史记》等传世名著对商鞅的思想进行深入的分析。就像上文讨论刘咸炘的庄子学一样，刘咸炘论述商鞅同样始终都没有离开与道家老子、庄子、鹖冠子，法家的慎到、申不害、韩非子，杂家的尸佼、《吕氏春秋》等相关各家各派，在各个角度、各个层面进行巧妙、周密而又行如流水般的比较，鲜明地把商鞅的思想个性凸现出来。刘咸炘的表述十分精彩："道家之言法，如《鹖冠》言定分，而主于君正用贤。庄周、慎到、申不害皆谓上无为而下有为，然皆因其自然之法，非以刑赏束缚驰骤之也。所谓不尚贤而愚民者，乃齐万物，与民同愚，非刑赏以愚之，此由《老经》不以智治国而衍之者也。商鞅则异矣，其言曰：治莫康于立君。立君之道，莫广于胜法。胜法之务，莫急于去奸。去奸之本，莫深于严刑。胜法严刑，固非庄、慎所有矣。《定分》一篇，极言使民皆知法，又引一兔走，百人逐之说，与慎子同。《慎法》一篇，言举贤乃治之所以乱，《禁使篇》言遗贤去知，皆不尚贤之旨。《君臣篇》言君尊则令行，官修则有常事，亦与慎语似。然其言法则曰审壹（《赏刑》），有使法必行之法（《画策》）。而《禁使篇》又驳人主执虚之说，是显异于庄、慎、申矣。以公灭私，固慎、商之所同，然所谓公者则异，安得以为本黄老耶。任法不任人，战国之常谈，皆以为刑法则诬矣。胡适不信是书，谓鞅止重刑赏，不言法理，不知韩非诋鞅之徒法，固不专指刑赏也。"商鞅与道家的老子、庄子、鹖冠子，法家的慎到、申不害、韩非子以及杂家的尸佼都不相同，但是他们之间又相当复杂，因为在一些理论的细微处又同中有异，但是异中又有相同。刘咸炘是仔仔细细地研读过上述各家各书的，尤其是在研究《商鞅》的专论里，刘咸炘对《商鞅》其书其文滚瓜烂熟、了如指掌。刘咸炘的勤奋刻苦在这里可见一斑。

值得注意的是，在论述商鞅的文章里，刘咸炘还援用了胡适、蔡元培和谢无量的论述。允当中肯的，他即刻表示赞成；有失妥当的，刘咸炘也会毫不留情予以及时的纠正和批评。之所以能够做到这一点，完全是因为刘咸炘虽置身西蜀，却放眼世界。在《动与植》一文中，他写道："欧洲数千年帝王卿相，皆奉马奇维里之霸术为成训，其书直言谲诈残忍之当取。中国惟苏秦、张仪、韩非辈敢言之，而为人所不取。西人之盛称者凯撒、拿破伦，中人之盛称者则尧、舜。若项羽犹稍有人怜之，秦皇则为众恶所归矣。"由此得知，刘咸炘已经读过马基雅维利的《君主论》。一个阅读过马基雅维利以及相关很多西方学术著作的学者，一个用东西方政治思想武装起来的中国文化的捍卫者，要在学术水平上超过他的前人，就是理所当然的事情了。

总之，刘咸炘的诸子学思想，应该从近现代诸子学复兴的大势中来讨论，应该从明清学术的发展脉络之中来讨论，应该从刘咸炘对刘止唐、章实斋的继承与发扬的角度上来讨论，更要从新文化运动的各种思想交锋之中来讨论。离开了这些历史的背景与学术的环境，我们不能得到真实的刘咸炘。

# 第 8 章

# 史学思想

　　刘咸炘的史学思想是中国近现代史上最为绚丽多彩的一朵奇葩。蒙文通在评价刘咸炘时说:"双江刘鉴泉言学宗章实斋,精深宏卓,六通四辟,近世谈两宋史者未能过之也。""近世宥斋刘氏作《双流足征录》,所以补旧史之缺者,多至七卷,义趣深远,足绍宋贤之趣,诚一代之雄乎!""迩者宥斋刘氏为《双流足征录》,所以补旧史之缺者,多至七卷,事丰旨远,数百年来,一人而已……斯宥斋识已骎骎度骅骝前矣,是固一代之雄乎?"诸如此类,究其实,实际上都是针对刘咸炘的史学思想而言的。

　　刘咸炘之学皆从校雠目录学出。"辨章学术,考镜源流",打通学科分类的壁障,注重学术史的融会贯通,而形成一个"千溪百壑,总归大海,纵横上下,无不贯通,既博且精,自成体系"(蒙默《推十书·序》)的庞大结构。刘咸炘云:

"吾于性理，不主朱，亦不主王，顾独服膺浙东之史学。"（《阳明先生外录》）章实斋云："盈天地间，凡涉著作之林，皆是史学。《六经》特圣人取此六种之史以垂训者耳。子集诸家，其源皆出于史。"（《文史通义·报孙渊如书》）章氏六经皆史之论是对中国经学史的重大突破，刘咸炘私淑章学诚："吾之学，其对象可一言以蔽之，曰史。其方法，可一言以蔽之，曰道家……此学以明事理为目的，观事理必于史。此史是广义，非仅指传记、编年，经亦在内。子之言理，乃从史出，周秦诸子，无非史学而已。横说谓之社会科学，纵说则谓之史学，质说、括说则谓之人事学。"（《中书·道家史观说》）"群学，史学，本不当分。"（《中书·一事论》）这里的"人事学"，实际上就是现在的人文社会科学，这当然是对章实斋学术思想的提升与发展："求知之学，近三百年可谓大盛，然多征实而少发挥，多发见而少整理。实斋先生虽长统纪而无根本之识，又见闻未广，其时征实发见亦未造极。今则其时矣！为圣道足其条目，为前人整其散乱，为后人开其途径，以合御分，以浅持博。未之逮也，而有志焉。"（《宥斋自述》）刘咸炘有《续校雠通义》《校雠述林》《目录学》，严密完备；尤其专精于宋史和蜀史，有《宋学论》《宋学别述》《宋史学论》等数十篇专门论文以及精深至极的《蜀诵》。因此，刘咸炘的史学思想关键是已经改变了史学的学科观念，已经与章学诚很不一样，打上了刘咸炘的时代烙印，值得我们认真地研究。

研究刘咸炘的史学思想，无法绕过四川蒙默教授在 1996 年影印本《推十书》出版之际的序言。那篇序言虽然不长，但是对刘咸炘的研究来说，可谓切中肯綮，抓住了实质。其文曰："先君子文通公宿喜远游，丁丑前之讲论于上庠也，数易其地，足迹遍南北东西。每至一地，辄从其贤士大夫游，接其议论。南北名流，殆于周遍。然于学术文章，不稍假借，少所许可。惟双江刘咸炘鉴泉先生独数见称誉。先生早慧，聪敏颖悟，殆同天授。少承家学，通先天后天之微旨；稍长，私淑章实斋，明辨章学术之义例。日读书数十册，皆有札记评识，年甫逾二十，即为专门著述。古今之书无所不读，前哲之学靡有不窥，且文思敏捷，下笔成章，虽仙逝时仅卅六岁，著书已达二百三十一部四百七十五卷，近世著作林中殆罕与伦比。所著综名为《推十书》，盖取推十合一之义：其中《两纪》《中书》之属若干卷，举其纲目，会通儒道以为宗，明统类也；《内书》之属若干卷，疏其原理，究天人之际，论道器不离，立根本也；外书之属若干卷，析其异同，较比中西社会、历史、文化、思想，辨殊途也；《左书》知言之属若干卷，条理先秦诸子、汉唐学术、宋明理学、道教源流，考嬗变之迹也；《右书》论世之属若干卷，统观历代时风、治术、士风、士俗，通古今之变也。他如《校雠》《目录》《浅书》之属若干卷，示入门之津也。是先生之学也，虽千溪百壑，总归大海，纵横上下，无不通贯，既精且博，自成体系，诚章实斋所谓圆而神，博而能约者也。是故先君子称之曰：'精神宏卓，六通四辟，近世之言史学者，未有能过之者也。'先君子于先生诸说，尤佩其'察势观风'之论。此盖先生治史之法门眼孔，或曰察变观风，或曰风势、大势，或曰风气、风俗，或曰观变、论世，词虽有异，其义则一。然先生论史虽重在统观一代风势，要在能明当时大势，而亦不遗细小。谓一切事皆有风气，一事有一事之风，或为一朝之风，或为一代之风，大则古今之变，小则仪物之象，大包小，小见大，有主有从，或重有轻，要在通观。又言纵为时风，横为土风，一时风中或有数土风，土风或以时风而改，时风或因土风而成，彼此影响，互为因果。史迹之不可以时风释者，或可以土风释之，纵横两观，而史家之能事毕矣。其剖析风势也，盖精密深细如此。唯其能统观大势，以大包小，故其识也通观圆融，以其不遗细小，以小见大，故其说也精辟深邃，议论常出人意表，造说更多发人所未发，胜义联翩，精义入神。此张孟劬（尔田）先生所以称之为'目光四射，如珠走盘，自成一家之学'者也。先君子亦誉之曰：'其识骎骎度骅骝前，为一代之雄，数百年来一人而已。'"

蒙默先生的这篇序言精深至极，可惜即便是在电子信息极为便利的今天，学界也并没有予以足够的重视。这篇序言最成功、最关键之处在于，它告诉了我们一个事实，那就是刘咸炘在史学方面已经作出了极大的贡献。

第一，刘咸炘的史学始终裹挟在经史子集的融汇之中。他没有刻意地划分中国学术的疆域。这种路数，直接来自章学诚。由于刘咸炘所处的时代与章学诚相去甚远，所以，刘咸炘的史学虽然与章学诚如出一辙，但是，刘咸炘的高度和广度已经远非章学诚所能比拟。学科之间的彼此渗透更加丝丝入扣，各个学科的个案研究也就相应地更加深刻。如果没有西方学科之间的详细划分给刘咸炘的启示，刘咸炘的史学也就不可能达到目前我们能够看到的高度。

第二，刘咸炘的"察势观风"，就是对中国自古以来经学发展的纠偏，也是弥补中国千百年来各种史书传统的不足。他把儒家的心性之学，道家的明统知类，程朱理学的天人之学，章学诚的方志学、校雠学，杂糅而通古今之变，成一家之言。他把经学与史学，哲学与校雠学合起来，直捣事物的本质，直揭事态的真相，草蛇灰线，千里伏脉，广大而圆融，精辟而深邃，以大包小，以小见大，细大不捐。充分注重人之所以为人的主体性，充分追求社会发展纵的横的、历史与现实的原因。刘咸炘云："实斋先生虽长于统纪，而无根本之识，又见闻未广。其时征实发见，亦未造极。今则其时矣。为圣道足其条目，为前人整其散乱，为后人开其途径，以合御分，以浅持博，未之逮也，而有志焉。"（《三十自述》）刘咸炘的气魄是相当大的。

第三，刘咸炘的史学并不仅仅是一种历史学的方法论，更在于它是一种历史哲学。它首先是一种观察世界的方法和角度，而这种方法和角度是人的社会地位逐步提高，社会历史已经进入近现代以后的标志，它代表着"帝王家谱的二十四史"时代的结束。刘咸炘想通过他的史学，囊括世界上的一切学问，正像他的"推十合一"之论一样，最后归于"道"。章学诚也是归于"道",最后成为"道"的坚决捍卫者。但是,在中国的国门已经打开,各种思想与学术铺天盖地而来的"五四"运动时期,刘咸炘的"道"却具有章学诚完全无法企及的内涵和外延。

值得特别称道的是,刘咸炘在地方志,尤其是在蜀史方面,有着极大的贡献。他在1926年写成的《治史绪论》中有一篇《土风》,其文曰:"大抵土风生于地形、气候,地中温带,其大判为南、北。南之形多水而候温,北之形多山而候寒,北瘠南肥,北质南文,北刚南柔,北鲁南敏,此大略也……北人守宋学,南人工词章,书画之北宗方严,南宗变纵,此质文鲁敏之分也。""土风既与时风并重,则有良史,更须有良方志。方志,横断之史也。而自来方志仅是地记类书,不足当之。吾撰《蜀土俗略考》,勘贯汉、隋、宋《史》及《华阳国志》,约为三端。因以三端解释蜀中古今治乱、风俗、人才、学术之故,作《蜀诵绪论》,为方志开一生面。"这里的"三端",是作为一代国学大师,刘咸炘在研究蜀地历史的时候所发明出来的独特视域和方法。他说:"一代有一代之时风,一方有一方之土俗,一纵一横,各具面目。史志之作,所以明此也。"(《蜀颂绪论》)刘咸炘要做的事情是从多个角度来审视历史的真实,注重个体在整体的历史过程中所发挥的作用。这是古代文化向现代转型的重要证据,也是刘咸炘重构中国传统文化的重要尝试,他超越了古代二十四史的框架,也超越了章实斋。刘咸炘在章实斋的基础之上,大力推动蜀地方志的撰写、研究工作，别开生面。他的《蜀诵》从易学、史学、文学三个方面，总结了蜀地文化发展面貌和特点。他的《蜀学论》是蜀地学术史的全面概括。刘咸炘在这部重要的著作中，十分重视地域文化思想，十分重视将地方的风俗习惯与整个世界的发展大势结合起来，一以贯之地寻找其中的规律，探究事物的本质，取得了突出的成就。

# 第 9 章

# 对老子与孔子的创造性整合与重塑

　　不论是相对于近代的康有为、梁启超、章太炎等老一辈的文化史专家，还是相对于现代以降的第一代新儒家（如梁漱溟、熊十力、张君劢、贺麟等），刘咸炘始终是最坚定的中国文化捍卫者。在他的《推十书》中没有带一丝一毫的西化杂质。他的哲学思想始终归依于老子与孔子。咸炘先生通过对《周易》的诠释与运用，改造了老子与孔子，使它们整合起来，形成了刘咸炘自己独特的中国文化观。《周易》之学是刘咸炘的祖传家学。其曾祖父刘汝钦精通《周易》，其祖父刘止唐受业于汝钦公，亦精通《周易》，撰有《周易恒解》一书。刘咸炘完全传承了刘止唐先生的这一重要思想，并且广泛地运用在《推十书》的各种篇章之中。因此，《周易》思想在《推十书》中具有终极灵魂的地位。在《推十书》中，《周易》思想还是融合儒、道思想的黏合剂，又是"贵动尚变，而要之以中"的方法论，在《推十书》之考镜源流、横中纵观、任天圆道、尽心知性、立命事天的学术理念中具有领贯性的特殊作用。

刘咸炘云："道之隐在《易》。"也就是说，《推十书》最推崇的"道"就隐藏在《易》之中。刘咸炘在《〈子疏〉定本·老徒裔第三》中写道："盖道术也者，人之生活法也，有人而即有之。古初之时，自有其原始之理学，虽粗略而大体有所就，华夏古圣聪明胜常，观于《大易》，其高深可见。然其施于行为之节者，则大抵为老者经历所得之成训而已。道不离事，故智归于老。更事既多，则明于平陂往复（循环相对）之理，而以濡弱谦下为归，固自然之势也。"刘咸炘认为，《易》的基本精神与老子的"道"是相通的，它一是"平陂往复"，二是"濡弱谦下"，此其一；《易》的思维方式是中华民族最习以为常的一种生活经验因而也就成了最原初的一种古训，此其二；这种"太古道"是中华民族最原始而又最具代表性的"道"，体现了生活与自然的本质，而且十分深刻，此其三。我们在《推十书》中所看到的，刘咸炘大讲特讲的明统知类，纵以御变，横以用中，任天圆道，得天地之大全等基本理念，都是以这种"混而为一"的"太古道"为最后归依的。

刘咸炘"推十合一"之学术理想本身就是求简求合，追求大道之"朴"，也就是这种十分遥远、高渺的"太古道"，因此，《周易》思想就必然要受到刘咸炘的高度重视。但是，"不肤衍陈言，不离宗本"的刘咸炘一扫千百年来中国学者在研究

《周易》的时候神乎其神，越诠释越复杂的陋习，抓住根本、求简求合，别开生面，令人耳目一新："《易》木易也，而人难之。居今日而讲《易》，人必以为玄僻烦琐，而远于实用。夫《易》非果玄僻烦琐也，说《易》者玄之僻之烦之琐之耳。苟明乎《易》之所以为《易》，而善征于事以明之，将见《易》为人人所知，而其非玄僻烦琐明矣。"刘咸炘认为，《周易》的思想之所以令人望而生畏，完全是中国学者神乎其神的结果，只需要把《周易》的根本思想给大家讲清楚，以事征《易》，那么，我们人人都可以懂得蕴含在《周易》之中的道理了。在《〈易〉易论》中，刘咸炘以浅显、明白的语言讲述《周易》，意在抓住《周易》的根本精神而不为玄僻烦琐的幻怪之象所牵引。在该文中，刘咸炘正本清源，直奔主题，加大了推动《周易》传播的力度，使后学由望而生畏，敬而远之到"事理昭晰"，晓畅通合，了然于心。在全盘西化、剑走偏锋的"五四"运动时期，这是富有远见、十分聪明的《周易》研究方法论，也是一种胆识。所以，在《推十书》中，很多文章都是长篇大论，唯独《〈易〉易论》与《〈易〉史通言》两篇，言简意赅，点到为止，这实在是刘咸炘的高明之处！这两篇短小精悍的文章初步展示了刘咸炘对《周易》的独特理解。

第一，"《易》者，陈大理者也。远则万物之情，近则一人之身，人人所当知，而亦在人人目前者也。"刘咸炘抓住了《周易》的根本，首先给它定位为："盖《易》者，言宇宙之大理者也。"世界上的一切都是由各种各样的事物构成的，而事物有大有小，那么涉及的理也就有浅有深。小事物有小的道理，大事物有大的道理。"深大之理，不过由浅小者总简而成之"，但是人之所以为人者，不能不知道这种由具体而抽象的大道理，因为，"人之应接事物，莫非恃抽象之理以行"，否则，就与禽兽一样了。《周易》的阴阳刚柔，就像"形色之长短黑白""价值之善恶美丑"一样，都是抽象的道理，我们不能认为稍微深刻一点的道理就是"玄僻烦琐"，所以我们不能不研究《周易》。

在《〈易〉易论》中，刘咸炘遵循"《易》简而天下之理得"的原则，用十分简洁的语言介绍了《周易》的一些基本概念之后特别指出，用平浅、通俗的语言来阐述《周易》，没有丝毫小视《周易》的意思，而且刚好相反。刘咸炘说："古之圣人明于宇宙之大理，自诚而明其言，往往一字千金，诚非常人所可及。"所以，应该让更多的人能够理解《周易》，绝对不能将《周易》视作"世间少数学者之珍玩"。毫无疑问，刘咸炘的批评是中肯的。

第二，"盖《易》者，史之抽象者也；史者，《易》之具体者也。《易》犹律也，史犹案也。"刘咸炘的这个观点来自他"理不与数对，事乃与数对"的观念。刘咸炘认为，理与数对，会引起"虚幻之弊"，如果"证事以明理"，则能够"切而通"。但是刘咸炘说："人事广矣，而史则其聚也。宇宙皆事，史者，载事者也。为史学者至于高深，每欲求史之定律。"于是，继章实斋之后，刘咸炘在其著名的文章《认经论》之中持有以《易》为史的观点："至于《易》之为史，则较难明。章氏徒以治历授时为说，举义太狭，不与《易》称。夫《易》彰往而察来，神以知来，智以藏往，史之大义也。太史迁称《易》本隐以之显，《春秋》推见至隐。二书并称，盖《书》《春秋》主于藏往，而实以训后。太史迁所谓述往事，思来者也。《易》主于知来，故朱子曰：《易》是预先说下未曾有底事，然中亦借往事以为说，如箕子、文王之类是也。大明终始，六位时成，六爻相杂，惟其时物，其初难知，其上易知，此与编年史同意，时即史之原理也。永终知敝，盖有年所不及编者矣。""彰往而察来，神以知来，智以藏往，史之大义也"，说的就是要把《周易》当历史哲学来研读，它是宇宙观，更是方法论。但是，历史哲学并不是历史本身，所以《周易》只是提供了一种历史性的原则，而并不能概括一切历史事实，因此，绝对不能太过烦琐玄僻。刘咸炘遵从古人"变通不居，无达诂焉"的原则，不论是对爻辞，还是对卦辞，均反对一切穿凿附会的"凿之过深"。这段文字充分显示了刘咸炘对历史哲学的深刻认识，更显示了他对《周易》本质精神的准确把握。

第三，刘咸炘特别强调在《周易》的学习与研究之中"尊经太过，无以见经为万世有用之书"。对这个问题，刘咸炘点而不描，点到为止，没有进一步的论述，但是，这从根本上透露了刘咸炘为什么会"私淑"章实斋的秘密。刘咸炘同时又提倡："凡学以自得为主，若一徇人，则虽至古之学，无不变为俗学者。"刘咸炘置身于"五四"时期，他自己完全知道他做的学问不合于当时的时宜，但是依然我行我素，坚持自己的人生态度和学术观点，他坚信中国文化的普世性价值，更是以独立自主的人格去解读中国的经典，以自己独特理解来重新整合、重构中国古代的学术。萧萐父先生称之为"20世纪中国卓立不苟的国学大师"，正是从这个意义上来说的。

刘咸炘的学术理想，就是要整合中国学术，重振昔日辉煌，推十合一，求简求合，任天圆道，合归天地之大体。而这个理想，在《推十书》中很大程度上是通过广泛运用《周易》的方法才得以实现的。换言之，《周易》在《推十书》中是一种融合儒家与道家思想的工具。它在《推十书》中是作为一种思维方式贯注到各种著作之中去了。例如，《推十书》中的重要著作《两纪》就完全是在《周易》两两相对并且相互转化的对立统一规律下编织出来的一个学术发展体系。在《推十书》中这样的例子不胜枚举，可以说俯拾即是。正是要从思维方式上来总结《周易》思想在《推十书》之中的运用，我们才能够最终领悟到《推十书》的要旨。

刘咸炘到底是怎么解读《周易》的？笔者认为，刘咸炘多次引用邵雍"以《老子》为知《易》之体，以《孟子》为知《易》之用"的话，并且深以为然。我们可以把它视作刘咸炘解读《周易》的总原则。在《学纲》的开头，刘咸炘就写道："道一而形分为万，故万事万物皆有两形，各有一端，所以成类。虚理则过犹不及，不归杨则归墨，子之所持也；实事则一治一乱，一张一弛，史之所著也。""道一而形分为万"中的这个"一"在刘咸炘的笔下就是"道"，也就是"天"，也就是《周易·系辞上传》里面"天下同归而殊途，一致而百虑，天下何思何虑？日往则月来，月往则日来，日月相推而明生焉。寒往则暑来，暑往则寒来，寒暑相推而岁成焉。往者屈也，来者信也，屈信相感而利生焉"的合二为一，合万为一的"太古道"。"万事万物皆有两形"者，与《周易》乾坤、屯蒙、需讼、师比、剥复、泰否、既济未济等各种卦象两两相对一样，是一种循环往复的对立统一规律。在学术发展史上，刘咸炘正是要通过这种"合二为一，合万为一"的途径来最终解决中国古代学术"各趋极端，往而不反"的状态。刘咸炘认为："《易》曰：一阴一阳之谓道。阴阳即天地也。"他还认为，《周易》的"太极"，就是老子的"道"，也就是孔子的"仁"，它们彼此相通，彼此融合，构成了刘咸炘学术理想精神归宿。

所以，刘咸炘在其《学纲》中进一步说："六经皆史，而经孔子手订，器殊而道一，一以贯之，并行不悖，执其两端而用其中。官失道裂而为诸子。道家最高，出于史官，秉要执本，以御物变，亦不偏于一端。"一方面承认孔子手订六经，另一方面又宣称"道家最高"，这是"以《老子》为知《易》之体，以《孟子》为知《易》之用"的思路。换言之，《周易》的根本精神来自道家，但是运用的典范是子思子与孟子："用中正偏肇于子思，论世知人明于孟子"，这当然是刘咸炘学术纲旨的根本，用他分析《周易》的话来讲，就是"贵动尚变，而要之以中"的方法论。

从方法论上来讲，出于道家的原始史官理路是"时"，亦即刘咸炘的"纵以御变"，就是孟子的知人论世；出于原始儒家精义之中的"中"，亦即刘咸炘的"横以用中"，就是子思子的用中正偏。这种儒、道兼容的方法论，刘咸炘称之为"察势观风"，又称为"御变之术"。这种"御变之术"的最终目的是为了"守一"："故道家之高者皆言守一。夫至于守一，则将入第三之高级，老、孔之正道矣。老谓之得一，孔谓之用中，此即超乎往复者也。"儒道兼容，同归大体，这就是"任天圆道"的器殊而道一，形分而神一，纳子、史于两，纳两于性，得天地之大全的"易简"之德。刘咸炘引高叔嗣的话："大道之归，一致而百虑；圣人之旨，同情而异言。昔仲尼之门罕言天道，是以后世不得闻焉。然《周易·乾爻》配象，六龙始于勿用，终于穷亢，不以吉凶告人。用九见群龙无首则吉，而仲尼赞之曰：用九，天德不可为首也。乾元用九，乃见天则。盖刚而能柔，天之道也。此与老子何异。故称吾见老子，其犹龙乎。夫学者独患不知天人之一。不知天人之一，则其议圣人者陋矣。自古言仁义礼乐有过于老子者乎？然而非不知天也。言阴阳刚柔有过于孔子者乎？然而非不知人也。"两两相对只是途径，刚而能柔，柔而能刚，都只是一种低层次的表象，它们的背后都是要"知天人之一"。不知天人之一，则无法讨论中国的历史与文化。这是中国传统文化的根本精髓，也是我们研究《推十书》的必由之路。

因为高叔嗣的这段话体现了刘咸炘学术"贵动尚变，而要之以中"的根本精神，所以受到了刘咸炘的激赏。置身于"五四"运动时期的刘咸炘，面对熙熙攘攘的衰世、乱世，回首中国古代争斗日盛、务欲垄断的学术发展历史，尤其是今文经学与古文经学为了各自的切身利益而标新立异、劳而无功、日趋堕落的时候，刘咸炘类族辨物，见始知终，求简求合的思想是他的学术理想，是整合"各趋极端，往而不反"的中国学术，回归"太古道"以得天地之全的境界。

对阮籍《通老论》将《易》的"太极"与老子"道"视为一致的思想，刘咸炘十分欣赏，并且进而指出："纵不认老、孔之道全同，亦当知其说形上之本无异也。"在评价苏辙相关论述的时候，刘咸炘指出："孔子未尝晦其道，道、器本不相离。孔子之言为仁，亦犹老子之言道也。老子固主示道，然亦何尝薄器。"孔子的"仁"与老子的"道"，只是一个问题的两个向度而已，实际上完全是一回事。刘咸炘有的时候甚至认为老子与孔子在原初之时完全没有区别，本是一家。笔者认为，刘咸炘之所以要这样做，是要在哲学纲旨上，在他学术的理想世界里构建起任天圆道，纵以御变，横以用中，得天地之大全的形上基础。

但是从个人的哲学倾向上来讲，从刘咸炘个人的灵魂深处来说，他是崇奉道家哲学的。他在《唐迪风别传》一文中，就透露了"余好道家，而迪风稍轻之"的事实。因此，刘咸炘十分认同宋翔凤、纪大奎"皆以坤义说老子"的路数，同意"以《易》明礼本贯谦、履、咸、恒"，以坤包乾的《归藏》之义。刘咸炘在其《冷热》一文中写道："刘子生而耐冷恶热，谓至寒可累褥以求温，至热虽裸不免也。食夏少而冬多，貌夏癯而冬丰。喜陈书独坐，众聚声喧，则欠伸思卧。与于庆吊，半日不快。幼观剧罢而钲鼓声留耳间，首为之眩，兹厌之不复观。成都有商场，士女攘攘，九年未八至。"可见，从刘咸炘自身的先天条件而言，喜冷、喜静、喜独的性格并不主要来自道家的修养，刘咸炘尊奉道家，与其说是因为受其祖父刘止唐先生的影响，还不如说是他先天身体资质所导致的结果。正是这样一种先天的身体状态，致使他渐渐地接近并且选择了道家的处世哲学。但是，刘咸炘写作《冷热》的目的并不是为了讨论身体的状态，而是为了讨论当时的学风、官风，其思想令人深思，其方法令人深省："悲夫，天下之趋于热，有由来矣。冷热之相乘，常也。不能以冷驭热，纵使至于穷而不复，则非痛扫除不能易也。火炽非大水不灭，暑极非肃杀不退，盛而衰，衰而疲，非兵革不革。金风起，热气消，而物伤矣。天下一斗争休，而人稀矣。孰使之热而致然耶，悲夫。且由冷而发为热顺以易，由热而敛为冷逆以难。以冷驭热，寓逆于顺，则不至于穷。天化贵逆，《易》数以逆永终知蔽，《易·象》言之矣。乌乎，纵使天下至热，苟一旦欲冷之，岂不难哉。故曰：至寒可累茵以求温，至热虽裸不免。今之热者，其必至于剥肤而后能已也。吾不知剥肤之在于何时，或不当吾生而见之乎则幸也。《诗》曰：燎之方扬，宁哉灭之。诚哉其难灭也。"《冷热》一文，创作于戊午五月，也就是1918年阴历的五月，一年之后"五四"运动爆发，揭开了中国现代史上新文化运动序幕。料想刘咸炘在1918年从各种资讯之中已经感到了大革命即将到来的滚滚雷声，所以才写下了这一篇十分奇特的文字。

需要特别指出的是，在这一段文字中，刘咸炘始终是采取反者道之动，"盛而衰，衰而疲"的"以《易》论偶"之法，采用循环往复，否极泰来，乐极生悲的对立统一规则以及"永终知敝"的《周易》思想作为分析问题的方法来讨论问题的，其根本的方法是"贵动尚变，而要之以中"，他用《周易》来矫正古代学术的分崩离析，同样也是用《周易》来批评近现代以来的各种狂热。

在《推十书》中，通过对《周易》思想广泛的诠释和运用，刘咸炘改造了老子，又改造了孔子，并且把它们整合起来，形成了自己的中国文化观。刘咸炘崇奉老子的"太古道"哲学，是从根本上去掉了虚幻、虚无，而兼论有无的老子，他笔下的孔子已经将儒家的仁义包容在道家的"道"之中，尤其是"以《易》明礼本贯谦、履、咸、恒"诠释儒家的向路，都与他"以坤包乾的《归藏》之义"具有深刻的联系。老子、孔子都经过了刘咸炘的再塑，同时《周易》的思想也因此而得到了提升。老子的"静为躁君"与儒家的"执两用中"融通为一，然后儒道兼容而同归于大体。所以，《推十书》最后的理论归宿和理论形态实际上是通过《周易》的参与与诠释才得以实现的，其根本性的理论目的在于整合老孔，重塑老孔。这应该是《推十书》思想领贯全书的肯綮。

# 第 10 章

## 《孟子》在《推十书》中的地位

作为一代国学大师，刘咸炘的学术思想来源不是单一的而是多方面的，他的思想源泉不仅来自正面的宋明理学，来自反面的乾嘉学派，而且也来自于数千年前的老子、孔子和思孟。"蛛丝马迹，近而相贯；松苓龟蓍，远而相接"，孟子在《推十书》中占据着重要的地位，隐藏在各个篇章中，辐射全书。了解这个问题，直接关系到对刘咸炘思想的整体理解和把握。

刘咸炘是一位天才思想家，所以，在他的笔下，古往今来的学者没有被他批评的相当少。除了其祖父刘止唐以外，刘咸炘真正没有批评过的人物只有老子、孔子、曾子、子思子和孟子。他认为，只有老子、孔子、孟子一系的思想系统才真正符合他"方圆之至，皆定于一"的学术理想。刘咸炘的学术理想与社会政治理想都是天与人相续相连，任天圆道，尽心知性，立命事天。这就从根本上奠定了其学术思想基础，形成了独特的理论形态。更为重要的是，这也就注定了他与老子、孔子、曾子、子思子、孟子或隐或显、难分难舍的关系。在《三术》一文中，刘咸炘把他的学术方法称为"三术"：知其志；知其人；论其世。读过《孟子》的人都应该知道，这里的"三术"实际上都直接来自孟子"一乡之善士斯友一乡之善士，一国之善士斯友一国之善士，天下之善士斯友天下之善士。以友天下之善士为未足，又尚论古之人。颂其诗，读其书，不知其人，可乎？是以论其世也。是尚友也"（《孟子·万章下》）的思想。在《中书·同异》中引述了孟子的这段著名论断后，刘咸炘写道："吾先大父谓此章以善字为主，盖既有性善内外之功，又横友天下，取人之善以为己善，又纵友古之人，取古之善以为己善。友天下者，地之不同，一时之不同；友古人者，世之不同，百世之不同。纵之横之，精义之学也。"可见，刘咸炘对孟子这段话的体悟由来已久，代代相传，愈久弥深。

刘咸炘主持、讲学的私塾学校——"尚友书塾"的名称也来自孟子的这段话。根据刘伯谷先生的《刘咸炘先生传略》得知，这个书塾是刘咸炘的从兄刘咸俊先生创办的，刘咸炘受业于此，后来又执教于此，主持《尚友书塾季报》的刊行，一直到 1932 年仙逝。整个刘家学术——刘止唐、刘子维、刘咸荣、刘咸俊，尤其是刘咸炘都是推崇孟子的。刘咸炘也曾明确说过："我是宗孟子的。"刘咸炘在《学纲》一文中指出："为学之法有三，知言论世，总于明统知类。知言者，用中也，明右左之异。论世者，御变也，通古今之变。用中横而御变纵，以两观之，或束或放，或冷或热，其大要也。纵之古今，横之东西，无不皆然。用中正偏肇于子思，论世知人明于孟子。不论其世，无以知言，故读子不读史，则子成梦话；不知其言，无以知人，故读史不读子，则史成账簿。学如谳狱，论世者审其情，知言者折其辞。"由此可知，没有孟子，刘咸炘的学术体系完全无法建立起来。由于唐代韩愈以来的道统论影响，思孟学派对宋明理学来说，举足轻重，尤其是对陆王之学，更是具有老祖宗的意味，而在《槐轩全书》中展现出来的刘止唐思想完全是陆王心学的理路。而以浙东学派自居的章学诚也深受陆王心学的影响，与戴震之学分庭抗礼。所以，继承其大父学脉，同时又私淑章学诚，刘咸炘就势必与孟子结下深刻的关系。他说："吾幸承家学，略窥思、孟之义，私淑章实斋，探索史官秉要御变之术。"也正是将子思子、孟子的学术思想列为他学术源流的一个重要组成部分。从《推十书》的方方面面来看，孟子确乎对刘咸炘的学术思想产生了十分深远的影响。他从章学诚那里确实借鉴了大量的史学方法，但是，这些方法在刘咸炘那里是被提升和改造了的，由此而导致了孟子与章学诚之间的巨大区别。其中根本性的区别在于，第一，刘咸炘"明统知类"之法确乎是受到了章实斋的启发而形成的，但是刘咸炘把它们归结为孟子的"知言论世"，并且再进一步："论世必本于友善，知言必本于养气，非实践存察，何以能之。苟不知性，虽能言明两，不能信也。故以文字言，譬之成室，校雠为门，史、子为堂，明两为室，而知性为基。若基之不固，

096

则全室翻覆"。明确依托于孟子的"知言论世",并且在哲学理论上归依孟子"尽心、知性、知天、事天"(《孟子·尽心上》)的全性、立命、事天的理路,与章实斋实在是有很大的不同。第二,面对全盘西化的甚嚣尘上,国民自信心的丧失,刘咸炘始终坚持孔子、孟子的理想,融合儒道,回应各种各样的思想对中国文化的冲击。所以,孟子的思想观念、思维方式和研究方法始终是《推十书》重要的、根本性的思想武器,同时也是《推十书》最厚重的思想基础。

例如,刘咸炘在《群治》一文中说:"自由平等之说倡而人伦孝弟之说弃。"确信现代的民主制度与孔子、孟子的原始精义背道而驰。刘咸炘深信:"人之所以异于禽兽者,以其有伦。"并且针对当时学者对《孟子·滕文公下》中"圣王不作,诸侯放恣,处士横议,杨朱、墨翟之言盈天下。天下之言不归杨,则归墨。杨氏为我,是无君也;墨氏兼爱,是无父也。无父无君,是禽兽也"相关论述的批评,进行了有力的辩护,批评当时所谓的"自由平等"运动矫枉过正所带来的一些问题:"孟子谓杨氏无君、墨氏无父为禽兽。惜儒已有疑其过者,今人更讪笑之。或谓其厚诬已甚,失其平衡;或谓其使气骋辞,不合论理。吾谓孟子斯言,乃比况之实语,非排诋之盈辞,人自不察杨朱、墨翟之说为何说耳。朱之说认小己不认大群,其视天下也,惟各具百年之身耳。上下之分,国家之公,一切名义,凡当舍私以从之者,彼皆以为虚无。君者,群义之表也。彼既无群,故曰无君。翟之说适与朱反,重大群而以之没小己，其视天下也，惟有大群之效率耳。凡在群之中皆当服其首领，舍身家以奉公利，自首领以下皆等视之，即父亦群之一耳，故曰无父……夫今之人，固等观人物而谓人生观当基于生物学矣，然则杨朱、墨翟正善取则于物，而孟子之言正善明杨、墨之旨，何乃反以为訾而为杨、墨鸣其不平邪?"刘咸炘生活在中国传统文化氛围十分浓厚的四川成都，家学渊源又十分悠久、浓厚，从小受的都是人伦孝悌的教育与熏陶，当自由平等之说像洪水猛兽一般滚滚而来的时候，在长期以来习以为常的固有思想世界里，对刘咸炘的冲击之大是无法想象的。尤其是当时的自由平等之说，在中国的理论建设还十分脆弱，还存在很多不健全、不完善的问题，在社会实践之中还存在许许多多难以想象的弊端和负面影响的时候，刘咸炘的批评就是很正常的了。但是，作为一位学者，一位思想家，刘咸炘的批评具有深厚的历史文化底蕴，运用了孟子的观点作为思想的武器，完全基于我们民族的现实与文化传统土壤之上，在辨析孟子批评杨、墨的基础之上，批评了当时所谓"自由平等"的很多弊端。由于咸炘先生的批评武器是从我们的历史记忆之中寻找出来的古老题目，因而也就历久弥新，特别具有历史的厚度和理论的力量。在批判"自由平等之说"观点的时候，刘咸炘在《群治》一文中旁征博引，古为今用，洋为中用，把批判现实的思想烘托得十分犀利、辛辣，因而其遣词造句的笔锋也就显得入木三分、淋漓尽致，具有当初孟子的气势。

刘咸炘虽然在子学方面投入了大量的精力，撰写过著名的

《〈子疏〉定本》《旧书别录》等重要著作，但是刘咸炘说过，他从来都不喜欢诸子，认为诸子非左即右，非实即虚，都偏离了老、孔正道。因此，从整体思想来看，刘咸炘的《推十书》就是要从根本上总结中国学术发展的得失，努力挽救中国古代学术"各趋极端，往而不反，终不能合"的弊端，大力倡导儒家与道家的融合，回归天道之纯。所以，刘咸炘既不喜欢庄子，也不喜欢荀子。

刘咸炘认为，庄子在形容"道体"的时候"多言滋弊，庄之多为形容已稍稍失老意，且其形容多由旁侧，所谓卮言曼衍者，后世乐称之，弊乃益多矣"。又说庄子"但言道体形容真人而不言道体之术，则虽能破人而无以自立，徒增言而不足以达行矣……故使论者沦于虚幻，惜哉"。"庄子之言虽环玮参差而其旨亦无多，莫激于摈仁义，莫浅于轻荣利，莫脱于通是非，齐生死，此人之所咸知，而乐道若他家所未有，而庄子所独专也，实则是皆曼衍之说、恣纵之言，其宗本亦不外于反无为之性，明自然之皆是以平静为本质，此其柢也。于老子之已发其端者申而详之而已。"刘咸炘的意思是说，庄子所创造的独特思想有限，大多只是阐述了老子的思想而已。

总之，"庄子蔽于天而不知人"，"然荀卿又蔽于人而不知天，荀卿知礼而不知乐，庄周知乐而不知礼，荀卿知分而不之合，庄周知和而不知分，二子者之说，以御百家有余矣。虽然，周非不知人也，特矫之过直耳。观《在宥篇》末条、《缮性》首条、《天运篇》中北门城一条，固非废礼义也。荀之于天，则竟不知，此荀之不及庄也。然放言多失，不可为教，当思之弊不以学矫之而偏为奇恣，适足以助之耳。周之贻祸后世亦不浅哉"。

不仅如此，刘咸炘对整个道家哲学在中国古代的发展都是不满意的："老子之道，传者渐失其全，言超者宏大而放荡，言逆者平实而浅薄，皆执相对而忘绝对。宏大者自庄子以来，至东汉而盛，至六朝而和会佛说，乃成文士娱老之清谈，平实者自西汉以来，流传民间，与儒术无形调和，成为寻常格言。道家形上之说则至隋、唐而入佛学天台、华严，复流入儒程、张，盖吾华本止此一说也。"从道家的角度上来讲，刘咸炘的这段话实际上是很沉痛的。

刘咸炘对荀子的论述很少，专论只见于《〈子疏〉定本》，但他对荀子的批评是最多的。刘咸炘在《〈中庸〉述义》一文中明确指出，荀子是先秦儒家之中"徒守末节者"，刘咸炘还说荀子："知礼之制欲而不知达性，知礼之别而不知和，诚所谓达于礼而不达于乐者。惟止知制，故偏重礼之文而不重其情质，性恶之说亦由是生焉。"他还认为，荀子的性恶论和天论都是自相矛盾的，刘咸炘云："吾则惜荀子未知天人之合之尤当明也。道歧于天人之离，即自然与当然之相反，以自然为善者，主放任，道家是也。以自然为恶者，主矫制，法家是也。矫制之说始于荀子，偏主当然而排自然，不惟与庄周为两极端，即与孟子之言充达亦正相反对。故其于礼亦偏主于制度之节，以等差为主，以荣辱为要，凡皆主当然之末，而不言自然之本。夫言当然而离自然，则所谓当然者失其不能必然而成勉然。既出于强，则礼固不如法之有效矣。"也就是说，荀子开启了法家的端倪，最终导致了儒家学说的被篡改和君权专制主义的盛行："非、斯成秦法，汉法袭秦故，而汉儒又多荀徒，儒、法始混，而儒之宗为法所暗夺，遂见诋为司空城旦书，是荀卿启之也。"刘咸炘的批评是深刻的。

因此，在中国学术流变的历史上，刘咸炘独推老子、孔子、曾子、子思子和孟子，认为他们的学术发展源流才是得天地之大全。刘咸炘借助于宋、明以来哲学家的成果，也认为孔、曾、思、孟一以贯之，并且多次从不同的角度阐述了他的这一观点："孔子多言仁，因六艺已显其末，而特明其本也。曾子言孝，则承孔子之散言而纵贯其本末也。子思言中庸，又承曾子之纵贯而横正其界域也。孟子于三者皆不多言，而独多言善，则又承曾、思纵横之统而直露其要也……""孔子谓仁者人也，亲亲为大，其将《中庸》《大学》已是一句道尽。孟氏谓人性皆善，尧、舜之道，孝弟而已矣。其将《大学》《中庸》亦是一句道尽。"每每论及孔、曾、思、孟一以贯之的传统，刘咸炘的欣赏之情就会洋溢于字里行间。对三位思想家的成就也直言不讳："夫《大学》《孝经》，儒门大义所在也，皆当贵重也。"又云："儒者之道，莫备于《大学》《中庸》。"又云："子思作《中庸》以正诸子，儒家之旨在中，人所知也。"又云："申、韩之尊君，盖先于叔孙通。庄周之伦，则托撰许由、务光之事。两偏皆不足信。彼非不知古势，附会己说，则

101

不质论其实也。论世莫精于《孟子》。吾先大父，善述《孟子》者也……"这种论述在《推十书》中还相当多。

刘咸炘始终认为，孟子的知言论世与道家的明统知类、纵以御变之术是相通的，老子与孟子关于养气的理论貌似不同实际为一，孟子更是得到了孔子真传的重要人物。在《认经论》中刘咸炘专门讨论了六经的流变问题。刘咸炘写道："子所雅言，《诗》、《书》、执《礼》。《礼》言执，明乎非占毕也。占毕者，惟《诗》与《书》。故《孟子》曰：诵其《诗》，读其《书》。""《孟子》书多引《诗》《书》，少引《易》。赵岐遂谓孟子专长《诗》《书》。由不知此故也。""故孔子之教伯鱼，犹不言《易》《春秋》，而但言《诗》《礼》，义本然也。"也就是说，刘咸炘十分推崇孔子对伯鱼的教导，也推重孟子只是"诵其《诗》，读其《书》"的途径符合春秋以来士大夫的传统，更是深得老子、孔子授受六经的精神嫡传。

值得注意的是，相对于孟子而言，不论是老子的《道德经》五千言、孔子的《论语》二十章，还是曾子、子思子有限的文献，思想的资源都比较少，都远不如孟子丰富。在《推十书》中，刘咸炘在讨论问题的时候，总是或多或少要提及孟子，有很多问题都直接是围绕着孟子而展开的（所有论及宋明理学、陆王心学的著作几乎都在讨论孟子提出的相关问题，或者至少可以说，都是在讨论基于孟子所提出的问题）。所以，研究《推十书》，必须要认定一个事实，那就是孟子的理论对刘咸炘产生了巨大的影响。甚至可以进一步说，在《推十书》

中随时随地、或隐或显，都有孟子的影子。例如，刘咸炘自己拟定的《推十书类录》，就是把《孟子章类》、《孟学管窥》（此种为后来加入，最新增补全本没有加入）、《概闻录》放在该辑的领先地位，然后才是《子疏》十二篇、《旧书别录》等其他著作。同是子学，为什么要把孟子和追求儒道融合、"以明合一"的《概闻录》（诚一、神二、伦三、静四）放在前面？笔者认为，这是为了突出子学纲旨，突出孟子"知人论世""执两用中"思想的原因。

翻开《孟子章类》，刘咸炘开篇即写道："大哉，孟子之为师也！巍巍乎其有成功也，焕乎其有文章。"完全是孔子赞叹古代圣君尧的口气与风格。在这段之后，刘咸炘还写道，其祖父刘止唐已经撰写了《四书恒解》，其父刘子维已经撰写了《孟学发微》，原来孟子之学是刘家的家传之学。刘咸炘还亲自作了一篇模仿宋代说话艺术形式，题为《齐宣王问孟子曰齐桓晋文之事一章说话》的文学作品，微言大义，令人深思。总之，在整个《推十书》中，刘咸炘在叙述到孟子的时候用了完全不同于庄子和荀子以及其他学者的口气和态度，十分推崇孟子，在价值观上始终与孟子站在一起。

刘咸炘面对的是一个衰世，是中国历史文化遭遇劫难、处于最低迷的时期。历朝历代各种政治、经济以及学术的问题都在此时此刻显发出来。日渐贫弱的国势，愚昧封闭的国民，偏激、炽烈的"五四"运动都迫使刘咸炘不能不对中国学术的发展有一个通贯、透彻、清醒的认识，由此来反思、调整、改造中国学术发展的轨迹。刘咸炘认为中国古代的学术发展："争斗日甚，书籍日繁，人厌把卷而思焚书，其故皆由统系不明，各趋极端，往而不反，终不能合，不自知其位置，务欲垄断。方今大道将明，岂可任其繁乱，使来者循其疲劳而终不达哉。"因此，刘咸炘要从根本上把握中国学术的基本特征，调整中国学术"各趋极端""务欲垄断"的现状，使之呈现出大道之朴的通透与清明。

　　需要说明的是，刘咸炘所推崇的道家只是老子的"太古道"，从哲学理想上寻求清静自正、复归于朴，从方法论上主要是学习道家秉要执本、以御物变、疏通知远、藏往知来的史学功夫。对后世人们常常称道的所谓道家，刘咸炘有自己独特的看法："杨朱，道家也。道家喜称颜子，墨翟则喜称大禹。《孟子》故言禹、颜同道以正之。忘世而无君，鸟兽不可与同群，固天下之废物矣。非其所事而事焉，愤己之不得为，卤莽而为之，实同于毁瓦画墁，又非天下之乱民乎？孔子非沮溺，孟子斥衍、仪，其揆一也。曾子、子思同道亦然。而后世论者以曾子萎缩，子思为养高，何其眯也。"刘咸炘对历来庸俗的世俗道家所持的批判态度十分明显，他要主张的只是老子清静无为的大道一以及由此而产生的史观方法。具体来讲，刘咸炘就是要依据老子、孔子的学术精神，"纳子、史于两，纳两于性，易简而天下之理得。既各分尽专长，又同合归大体"。在这样的学术理想之下，在风起云涌、摧枯拉朽的"五四"时期，人人都在叫嚣"只手打倒孔家店"的时候，刘咸炘却始终坚持孔子、孟子的思想价值观念，这不能不说是中国学术发展史上一件值得称道的事情："孟子，学孔子者也。其言曰：说《诗》者不以文害辞，不以辞害志。以意逆志，是为得之。又曰：颂其诗，读其书，不知其人可乎？是以论其世，是尚友也。《书》曰：诗言志。《诗序》曰：主文。夫显者，言也，文也，辞也；隐者，义也，志也，意也。许慎曰：词言外而意内也。何以知其言？曰：知其志。何以知其志？曰：知其人。何以知其人？曰：论其世。不知其志而欲知其言，逐流失而不见源起，故学术门户水火而莫衷于一是也。不论其世而欲知其志，不设身而处地，徒苛深而不精析，无资于法戒也。"思维方式、治学方法、政治伦理以及天人关系等各个方面的思想，都来源于孟子，为什么？这是一个我们必须回答的问题。深究《推十书》，答案在刘咸炘的《故性》一文中。该文开篇即写道："学术之多歧，由性说之不一。"是故"道之裂，治学之变，皆性之不明也。不揣其本而齐其末，是以各执一而皆穷"。如果只是研读《故性》可能会认为这两段话没有什么了不起，但是，把这些论述置放到整个《推十书》的思想之中去，我们就会发现，刘咸炘的学术始终是将政治伦理的建设、学术框架的重构与国民性情的境界提升结合在一起的，并且始终以人学为学术的基础。刘咸炘在《推十书》中引其祖父《约言》云："为学曰为人，为道曰事天。"做学问是为了学会做人，寻求"道"的真理是为了侍奉"天"，与天冥合。因为"道之大原出于天"，故"业道曰学，学圣人以全其性"。所以，《推十书》的学术理想是"任天""圆道"的大道之朴，但是它的基础却是孟子的性善论。

刘咸炘在《善纲》中指出："善本于性，性本于天"，由善而性，由性而天，既是刘咸炘人性论的逻辑走向，也是他学术构建上的逻辑走向。在叙述到"善纲"的性命、职责根据的时候，刘咸炘写道："人何故不得不从善？曰：性善，故自然也。自全其性，人职也。性果善耶？曰：性者，人之元也。以性为不善不尽善者，执后起之习质者也。若性不善，则善非生准矣。人何以不可不从善？曰：命善，故当然也。全归所受于天地父母，人责也。命果善耶？曰：命者，天之理也。分义理、气数为二命者，昧于因果之先后者也。若命不善，则善与生背矣。故曰：尽性至命，养性立命事天，谓之大孝。"这段表述明显来自《孝经》和《孟子·尽心上》。作者糅合了曾子、孟子，参之以宋明理学的因素，构成了刘咸炘自己"养性、立命、事天"的根本性理论。由于这一套理论是人的职责论，是人的性命论，因而成为《推十书》的思想基础。

值得注意的是，孟子在阐述自己性善论的时候，只是比较概括地表述了恻隐之心、羞恶之心、辞让之心、是非之心的性情特征，并没有将它们与曾子的相关理论糅合起来。倒是刘咸炘的《善纲》把孟子的性情思想、性命思想与曾子的人生论、忠孝论结合了起来，用更加通俗、明确的语言发展了孟子的思想，形成了他道德原理之学的基础。应该说，先秦时期的儒家学说，在刘咸炘的笔下，已经得到了再一次的发掘与呈现，或者说，就是新的诠释。

章太炎先生在《辨性》中说："儒者言性有五家：无善无不善，是告子也；善是孟子也；恶是孙卿也；善恶混，是扬子也；善恶以人异，殊上中下，是漆雕子、世硕、公孙尼、王充也。"但是，刘咸炘却说："孔子但言性相近，孟子乃言性善，荀子则言性恶，告子则言性无善无不善，公都子称或曰性可以为善，可以为不善，或曰有性善，有性不善。七十子之裔世硕、宓子、漆雕子、公孙尼子皆言性有善，有不善。于是，性有六说焉。"先秦时期儒家的性说到底是五种还是六种，本文暂且不论，但是仅凭这里的引文，我们已经看到刘咸炘的概括比章太炎先生的更加准确、细密、清楚。

与章太炎先生在《辨性》一文中完全采用佛教与西方心理学的方法来讨论先秦时期的性说，支离破碎而不得要领不一样的是，刘咸炘完全是站在中国思想史的角度来讨论传统的人性问题，把人性问题与学术问题直接挂钩，真正继承了孔子"弟子入则孝，出则弟，谨而信，泛爱众，而亲仁，行有余力，则以学文"（《论语·学而》），行先学后的祖训，道出了《推十书》与孔子、孟子之间完全不能分离的秘密，比章太炎先生高明得多，充分展示了刘咸炘以中国文化为精神归宿的鲜明立场："群乱原于人恶，人恶原于学谬，学谬于歧。知与行歧，治人与修己歧，道遂裂矣。孔子曰：一以贯之。大父曰：圣人无两副本领。吾今之论，述祖而已。名曰论者，谓其言有伦也，非云作也。"刘咸炘认为现代社会之所以充满各种混乱的现状，问题在于中国的学术已经支离破碎，各趋极端，斯文扫地了。导致这样的原因关键在于治学的人心性不向善，或追求名望，或追求利益，说的是一套，做的又是一套，尤其是国家领导人管理国民的同时完全不修身，鸡鸣狗盗，男盗女娼，无以复加！老子、孔子等古代圣贤传下来的"道术"因此而"裂"，于是天下大乱起来了。在刘咸炘看来，要改变这种社会的现实，唯一的办法就是从"治圣人之学"开始，以此来拯救人们的灵魂，使他们言行一致，表里一致，进而天人一致，复归"大道"。

在《故性》一文中，刘咸炘全面批评了各种性说就事论事，各趋极端的弊病，深究了先秦时期"性说之不一"的根本原因。刘咸炘自己则完全同意孟子的观点，走了"尽其心者，知其性也。知其性，则知天矣。存其心，养其性，所以事天也"（《孟子·尽心上》）的道路，认为"学者，学为人而已"，"凡人之所以学问思辨者，无非求善"。这当然是孔子行先知后、知行合一的观点。正是由于人们没有将性说与做人结合起来，使人之所以为人的精神与现实生活脱节了，"性之不明"，才最终导致了"道之裂"。也就是说，在刘咸炘看来，人之所以为人者，每一个人的天性，都是仁义礼智信，自足圆满。只要尽心、知性，就能够存心、养性，最后知天、事天，最终天生人成，协和于天地，归于大道之朴。这才是一切学术的最终目的。换言之，刘咸炘的性命之说，不仅从根本上阐述了孟子的性善论为什么高于其他诸子各种性说的理论原因，而

108

且同时也为自己的理论构架奠定了坚实的人性论基础。刘咸炘指出："夫孝弟仁义之义，岂独人道之必然哉，远原于宇宙分合之大理，而近基于人心爱敬之良能，盖不止为群之自然，抑且为天之自然，人之自然也。分合之义，详于《易传》《乐记》。爱敬之义，详于《孟子》。吾常持以推说，已散见于各篇矣。"从这里，我们可以非常明确地看到刘咸炘对先秦儒家思想的归宿感，不过需要再次指出的是，刘咸炘不仅整合了儒家与道家，而且也同时整合了儒家的各个派别，在新的时代形成了一套属于刘咸炘自己的儒家理论，整合天人，贯通天道人道，将人伦物理上的仁义礼智与学术上的"全性""事天"结合起来，发展了儒家的思想内涵，同时也提升了孟子的哲学境界。

因此，刘咸炘"纵以御变，横以用中""纳子、史于两，纳两于性""学莫大于明统，明统然后知类"等学术原则的表述，都是要学习为人，都是要学习事天，都是要返回与天相续相连的善端之性。"莫非人也，莫非学也。何以为人？何者当学？千万方，千万年，千万人，惟此一事而已。"应该说，这是把握《推十书》精髓的基本点之一。

明确了这些重要的问题，我们对《推十书》的领会就更近了一层。刘咸炘在《道家史观说》中指出："吾常言，吾之学，其对象可一言以蔽之曰史，其方法可一言以蔽之曰道家。何故舍经而言史，舍儒而言道，此不可不说。"又云："道家方法如何，一言以蔽之曰御变。御变即是执两。《认经论》所说校雠法，即执两之入手。用中御变，一纵一横，端是横，变是纵，要是皆两也。"我们应该特别小心仔细地阅读这两段话，因为，刘咸炘只是说他在研究的方法上"舍儒而言道"，采取了道家的方法，而不是说在价值观上把儒家置放到次要的地位。所以，在《认经论》的引言里，刘咸炘已经明确说过："吾常言吾学乃儒家兼道家。儒家是横中，合两为一；道家是纵观其两，知两乃能合一。道家之学，不过为儒家之方法。观两之理，虽非六艺所全该，要从分清六艺而入。"刘咸炘说："道家之学，不过为儒家之方法"，就是说，道家在《推十书》的学术体系之中只具有方法论的地位，儒家的思想才是《推十书》的根本。不过，现代学术证明，任何哲学体系，方法就代表了思想，思想本身也丝毫离不开方法。因此，刘咸炘"吾学乃儒家兼道家"的表述是十分精妙的。但是，在他主观的目标上，是在用道家的外衣包装儒家的思想内核，却是十分明显的。或者说，他在改造儒家，他在充实儒家。"横中"也好，"纵观"也好，都是以六艺为对象、为主体的。所以，刘咸炘讲："不见全，不知偏。不见天地之纯，古人之大体，何以解蔽而见始终哉。故先必明统。统莫大乎六经，知六经之形分神一，则知两矣。"这句话的根本之处在于，没有六经的统御，一切所谓横中合一、纵观知两，都是不存在的。在《学纲》中，刘咸炘的这套御变用中的学术方法论显示在具体化的图上：

```
御 ─── 纵 ─── 论世（史）
         变

两              明统知类（经）（校雠）

用 ─── 中 ─── 知言（子）
         横
```

这个图虽然内容丰富，兼融儒道，但是，最终的落脚点则是关于六经的校雠学。因此，在《认经论》中，刘咸炘论述了"六经之起源""六经之本体""六经之分类""凡文皆本六经""学文独宗诗教""六经可该学术之流变"等思想。

四川成都《双流县文史资料选辑》第三辑上面有王泽枋先生《一代宗师刘止唐》的文章，其中有"刘沅（刘止唐）的著述虽然'注经参以佛、老'，熔儒、释、道三家于一炉，然而毕竟是儒家传统思想在起主导作用"的记载。现在看来，刘咸炘可谓得到了其祖父的真传。不同的是，他始终是用儒家的根本精髓作为战斗的武器去回应"五四"运动时期全盘西化的各种谬说，态度更加明朗，立场更加坚定。

总之，刘咸炘家学宏富，源远流长，尤其是刘止唐先生的学术思想对刘咸炘产生了深远的影响。刘咸炘自己私淑章实斋，信奉六经皆史的信条，对其辨彰学术、考镜源流的学术方法也产生了积极的影响。但是，在刘咸炘看来，由老子、孔子、曾子、子思子、孟子，明统知类，执两用中，全性、事天，得天地之大全，具有一以贯之的理路，其中尤其是《孟子》七篇的思想十分丰富。由于刘咸炘继承了刘氏家学宋明理学、陆王心学的传统，《推十书》中许多问题都或近或远与孟子有各种关系，致使《推十书》中在讨论很多问题的时候都或多或少有孟子的影子或立场，从而使孟子的理论思想始终成为《推十书》的一个重要基础。

# 第 11 章

## 诗歌创作

刘咸炘在其短暂的一生中创作诗歌四百多首（《说诗韵语》一百三十七首，《论学韵语》五十首以及其他韵文）。总的来说，相对于他的思想创新而言，刘咸炘对自己的诗并不是很满意。在《推十诗·原叙》云："非所好也，非所能也"，他甚至说："世所谓诗人必不喜吾诗，吾亦不敢以吾诗为真诗"。但是刘咸炘对中国古典诗歌具有深入而广泛的研究，著述宏富，在此基础之上对自己的诗歌作品有十分特别的感觉："其诗异乎世所谓诗人之诗，盖目其学为诗，已异乎所谓诗人矣"。既是谦虚，也是自负。刘咸炘是受到顾炎武、潘德舆的影响而开始大量写诗的。刘咸炘说："读者能以潘、顾之绳墨绳墨我，则所望也。"由此可见，刘咸炘认为他的诗是值得并且希望别人"绳墨"的，其中的奥妙值得我们探究。

刘咸炘在诗歌创作的内容和风格上直追潘四农和顾炎武，

这是他的世界观和置身的时代使他不得不作出的选择。顾炎武的诗歌是以白居易"文章合为时而著，歌诗合为事而作"的文学思想为归依的，其诗苍凉沉郁，悲壮激昂。顾诗云："京雒多文人，一贯同淄渑。分题赋淫丽，角句争飞腾。关西有二士，立志粗可称。虽赴翘车招，犹知畏友朋。傥及雨露濡，相将上诸陵。定有南冠思，悲哉不可胜。转盼复秋风，当随张季鹰。归咏白华诗，膳羞与晨增。嗟我性难驯，穷老弥刚棱。孤迹似鸿冥，心尚防弋矰。或有金马客，问余可共登？为言顾彦先，惟办刀与绳。"(《寄次耕，时被荐在燕中》) 不仅表现了诗人拒绝举荐、以死自誓的决心，而且表达了诗人反对"分题赋淫丽，角句争飞腾"的文艺思想。潘德舆少年时代即学汉魏、杜甫诗，其生命最后的绝笔诗云："五十年来肮脏身，痴心独扫世间尘。一腔热血喷何处，惟把文章示后人"（《纵笔》）。由此可见诗人孤独、孤愤、不幸、不平、卓立不苟的性格和诗风。刘咸炘的诗歌创作遵奉顾、潘，也就是在神韵上得到了顾、潘的精神。

刘咸炘一生好静不好动，好独处而不喜欢社会活动。但是，表面的孤寂与宁静，丝毫没有减低刘咸炘关心民生疾苦、忧国忧民的情思。有《拟香山〈新乐府〉》三首诗歌为证云：

> 七十元，一个女。送钱来时眉如弓，送女去时泪
> 如雨。银元白如玉，枯骨变成肉。女儿娇如花，剜肉
> 弃他家。人命轻，七十银元买一生；人命重，一个娇
> 儿当粮用。寄语朱门贤少年，休谈人道与平权，赌场

一夜输赢数，已抵贫家卖女钱。

（《新乐府·七十元》）

我有娘，我有娘，此声入耳断人肠。云南抽丁来四川，久戍思归今五年。只望腰缠有时满，岂知身首异乡捐。欲降恐召全家祸，虽死曾无一纸旋。我欲见娘已无日，娘今知我何处边。我作此诗秋夜长，缠绵夜气泪沾裳。纷纷枉自谈兼爱，天性亲亲宁可忘。亲亲天性何时见？讲听悲呼我有娘。

（《新乐府·我有娘》）

卖议员，卖议员，买卖无此好价钱。将成议员票一纸，买价铜钱数十千。已成议员人一个，卖价银币千百元。议员聚处权势尊，田产契约好保存。银钱多处议员奔，卖身走遍千家门。君不闻，民国以法为原则，民意立法议员职。议员何民是何意，非意何法又何国。吁嗟乎，共和议院全国心，第一神圣不可侵。请问神圣何处产？不是茶园即餐馆。

（《新乐府·卖议员》）

第一首写的是一个十七岁的花季少女被生活所迫，以七十元的价格卖给别人换粮充饥的悲惨事实，"寄语朱门贤少年，休谈人道与平权"，又透露了刘咸炘对社会现实与时代新潮的某些思考。第二首写一位从云南抽丁来四川打仗的士兵久戍思归的凄苦情怀，以"亲亲天性"之爱批评了"纷纷枉自谈兼

115

爱"的时代思潮。第三首，揭露了当时官场卖官鬻爵，以民主之名行贪污腐败之实的现实丑恶。

可以说这是新时代的"三吏三别"，是白香山的精神在近现代的展现，是受到顾炎武、潘四农诗歌"经世致用"影响之后焕发出来的时代心声。刘咸炘诗歌的字里行间跌宕起伏，始终都飘荡着他"天下兴亡，匹夫有责"的人生意志，这也就使我们知道，他为什么在诗歌的创作上会受到顾炎武诗歌的影响，走上白居易面向"时""事"的道路了。这种诗在《推十诗》中还有《变歌》《五月五日偶占》《从军行》《李君寿诗》《苦热》《打狗行》《七月十四日夜游》《农家好》《十七日》《禽言》《寂寞歌》《笆篓行》《青神东井研北山中》《辛壬之际》《巧偷行》《女权行》《绵油道中》《归过德阳宿女孩教养堂》等等。

刘咸炘是一位学者，是一位思想家，因此，与杜甫、白居易不同的是，刘咸炘的诗歌中始终隐藏着他对现实思潮的不同看法，表现了他的立场。例如上面的三首诗中，第一首反映了他均贫富的思想，第二首反映了他天性亲亲的思想，第三首揭露了他对当时所谓民主政治的厌恶。从这个特殊的角度来讲，这种诗在《推十诗》中占据了很大的比重。因为刘咸炘的主要生活都是在书斋中度过的，他的很多诗歌作品都是因为历朝历代各种思潮的起伏，以及传统思想的价值与现实社会的各种事件比较、激荡、碰撞所产生的情感浪花。

根据笔者的初步总结，《推十诗》中所反映出来的刘咸炘的思想倾向有几点值得注意。

第一，有十分浓厚的向往农村生活、亲近农民的倾向。他认为那是一种纯情自然、老少和睦、万物相亲的理想社会：

> 农家好，根在土中栽。社酒春浓排老幼，茅檐冬暖聚凄孩，不晓别离哀。农家好，不怕到穷冬。萧索山林田尚绿，醉歌村店脸都红，和气蕴藏中。农家好，万物尽相亲。草木虫鱼名最熟，阴晴风雨卜如神，领略自然真。　　　　　　（《农家好》）

刘咸炘的这种思想来自他推崇老子"小国寡民"、孟子"五亩之宅，树之以桑"的思想根源，同时也是他厌恶近现代以来军阀混战、弱肉强食，同时又囿于时代的局限而幻想出来的乌托邦。实际上，不仅《推十诗》中有很多这种具有乌托邦性质的诗歌，而且在其理论著作中也带有浓厚的乌托邦性质。笔者认为，在无奈之下提倡歌颂乌托邦的同时，刘咸炘实际上还有浓厚的历史虚无主义思想，这可能与他归依老庄的思想有一定的关系："千年笼络一旦脱，豺狼狐狸同邀嬉。千钧百喙唾陈迹，鲁变齐楚华变夷。我生恨晚乱耳目，纵观忽笑思忽悲。漫言醒眼看沉醉，独患坦道成嵚崎。世间万事尽虚诳，胶柱刻舟吾固痴。古今茫茫那堪数，谓我哗众将何辞。长歌之哀过痛哭，听我藐藐空于戏。"（《变歌》）理想与现实在刘咸炘的精神世界中产生了严重的对立，乌托邦理想的产生是因为现实太令人失望，理想社会的乌托邦蓝图又是对现实社会的根本否定，二者之间具有深刻的联系。

第二，刘咸炘的诗歌是一位纯洁、醇厚的读书人面对末世而洁身自好的价值选择。"雨声风杳微言绝，拜起难忘思古情。"（《孔圣生辰明善书塾祀礼恭纪次叔兄仲韬师韵》）每逢孔子的诞辰，刘咸炘必然就要用诗歌来表达他的感慨，表达对孔子的尊重与向往："孔子人道极，岂止先群儒。陋哉读书人，奉为文学初"（《孔子生日作》）。展现了他对现实的失望和对中国传统文化的向往：

> 蹈海何如避地清，且从愤乐自经营。高歌《白雪》天知己，熟读《黄庭》心太平。硕果得舆荫二老，鸡鸣不已鲁诸生。嚣嚣会有幡然日，独向空山求友声。
>
> （《避地》）

> 有庙有堂三代制，不舒不隘散人居。荫阶郁郁百年树，插架峨峨三世书。室外屐声来旧友，塌边鼾息卧童胥。朱门几个离尘鞅，何幸天教守故庐。
>
> （《故庐》）

> 洪水横流禽兽居，只荫随读祖师书。金声玉振成条理，万遍千周或告予。　　（《题〈孟子章类〉》）

第一首，说明了诗人没有追求闻达的原因，心中虽然充满"愤乐"，但相信目前的困局是暂时的，中国文化总有一天会再次复兴。第二首，描写了诗人的读书生活和非常满意于"守故庐"的命运。第三首，诗人的灵魂始终生活在中国历史文化的壮美景观之中而情不能自已，但是同时也就否定了当代社会的空泛、枯寂和混乱，他的态度十分明确——他生活在一个人欲横流、礼崩乐坏、禽兽当道的时代。

第三，刘咸炘写诗评诗，均"贵写民风"（《推十诗·饭摊行》），他对民间纯情至性、人间亲情和自然风貌给予了极大的热情与关注，是近现代四川成都一带各种民俗民风的真实写照。从中可以看到，刘咸炘是一位十分注重邻里和睦相处，亲人守望扶持的传统文化继承者，所以在他的笔下，人伦亲情，蜀国名胜，柴门嫩鸭，村社灯火，哥老聚会，一幅幅，一幕幕，都有较为全面的反映。

> 酒阑灯炧动闲身，且绕廛居步一巡。门闭时闻笑声密，檐低犹见纸联新。萧条茶馆无留客，彳亍长街半旅人。攘攘驱驰历寒暑，今宵始识重天伦。
>
> （《除夕出游》）

> 朝泛舟，送夕阳，徘徊杰阁山苍苍，驰道人多如蚁行。夜泛舟，迎皓月，千炬随流水光发。纸钱灰飞映林樾。朝复夜，死还生，日月长向江山明。舟中人觉日月好，默对江山舟自行。（《七月五日万绍承姻兄邀游薛涛井十五日盂兰会放灯，两泛锦江》）

> 今冬喜值寿筵频，孝友堂间已近春。两世姻交如长嫂，七旬安健不多人。相庄循吏同廉惠，竟得佳儿乐夕晨。酒酌吾甥兼庆勉，尊亲有道在诚身。
>
> （《张母曾淑人寿》）

第一首，描述了诗人除夕出游的过程，反映了当时市面萧条的状况。第二首，描写盂兰会之际游薛涛井的过程，朝夕相送，死生相还，江山明月，千炬随流，阁山苍苍，沧桑之间跃动着锦江两岸的风情景色。第三首，展现了那个兵荒马乱的时代，西蜀人民依然注重亲情人伦、尊老爱幼的民风，这类诗在《推十诗》中尤多。

从诗歌的内容上来看，刘咸炘的诗仿佛随时随地是在与古人对话，面对末世，他非常孤寂，但是随着他广泛的阅读和研究，他的思绪在其诗作中充满了各种遐想，他始终生活在数千年民族文化的记忆之中，始终梦想着"崦嵫山中有空谷，好向梦里寻孔姬。大钧干流剥则复，会须一变开明时"（《变歌》），他时而激昂奔腾，慷慨激越，时而又沉痛低迷，失望迷惘："先民遗产总乘除，遂使后学嗟穷途。穷途穷，异端起，诸公若在将何似？噫吁嘻，穷响以声安所指，言多乎哉可已矣。"（《读书杂记》）他在向数千年来的各种哲人诉说压抑的情怀、忧愁和郁闷，在试图与他们对话，寻求解决目前困顿局面的办法。在刘咸炘看来，中国传统文化正在遭遇重大劫难，因而悲痛至极，面对这种数千年未遇的颓势和败象，刘咸炘的内心世界十分低沉。

在短暂的一生中，刘咸炘撰写了大量研究中国古典诗歌的诗论、诗评以及历朝历代的诗歌选集。据初步统计，有《诗序》《诗辨说》《风骨集》一二三四卷，《风骨续集》一二三四卷，《风骨集评》《风骨续集评》《诗系》《诗系后记》《诗系滕

记》《诗评综》《曹子建》《南畇诗录录》《乾嘉诗坛点将录》
《铁云论诗绝句》《北江诗评》《诗初学》《十三家诗选目》《诗
人表附》《诗本教目》《龚定庵诗笺》《元王论诗绝句笺》《说
诗韵语》《说词韵语》《一饱集》《简摩集》《唐诗抄补》《三
秀集》《三真集》《词学肆言》《词概》《长短言读》《读典录》
《词人评语录》《双声诗》《诗礼撰母》《古雅词文诗》《诵诗审
记》等数十种，尤其是他的《说诗韵语》《论学韵语》《子疏
定本》等作品以诗歌的形式，以诗歌对中国历代诗人及其作
品、中国学术史的发展以及自己的治学思想进行了全面的评
述，可谓空前！

　　刘咸炘的诗歌创作继承了自《诗经》、杜甫、白居易、皮
日休、王禹偁、梅尧臣、张耒、陆游一直到清代顾炎武、龚自
珍的现实主义传统，十分关注国计民生，十分贴近现实社会，
杜绝一切风花雪月、无病呻吟的做作，以及一切玩弄辞藻的
雕虫小技，信奉顾炎武"诗贵性情，不贵奇巧"的主张，纯
任天然，刘咸炘在其《子疏定本·孔徒弟一》引《孔丛子》
云，宰我问："君子尚辞乎?"孔子曰："君子以理为尚。博
而不要，非所察也。繁辞富说，非所听也。唯知者不失理。"
(《嘉言第一》)

　　从刘咸炘的整体思想来审视他的诗歌创作，上面的这段对
话对他产生过深远的影响。因为刘咸炘在《认经论》中说：
"人不能无情志，情志不能不发而为言，则谓之诗。诗字从言
从之。志之所之，皆谓之诗，非专指四五七言有律者也。圣人

121

虑其言之过于礼义也，采而定之，范于中正和平，使乐而不淫，哀而不伤，怨而不怒，亦以法式。事实虽有记载，恐于民情有所未惬，采诗以观民俗，乃可以万变之民情，斟酌一定之法式，盖其定诗亦有所用而然也。"这段话非常透彻地表达了刘咸炘的诗歌创作思想。也就是说，刘咸炘彻底信奉孔子的"诗本教"思想，在哲学思想上，他又完全推崇孔子的人本主义精神。面对近现代兵荒马乱的时代，在"天下兴亡，匹夫有责"的感召下，"以风救骚，以骨救肉，以狭救广"，实在是在新的时代把孔子诗论推向极致的一种创举。

记得孔颖达在疏解《左传》"华夏"一词的时候说过："中国有礼义之大，故称夏；有服章之美，故称华。"所以，华丽的辞藻，优美的辞章，阴阳上去的声调导致的抑扬顿挫的音韵美，是三尺竖童都知道的一个基本的事实。在《推十书》中，有大量研究中国文学史、中国诗歌史方面的著作，刘咸炘并不是不知道诗歌华丽的辞藻、精密的平仄对仗所带来的音乐美、旋律美和结构美，但是，他所遵奉的诗歌创作原则是"诗贵性情，不贵奇巧"，由此批评道："唐以来之诗，十九皆非真诗"（《诗初学》），这种观点实在是振聋发聩，令人瞠目结舌。因此，刘咸炘诗歌创作的第一个原则是"重风轻骚，尚质救文"（《风骨集·叙目》），把诗歌创作的首要原则定位在真挚的情感宣泄、质实的现实主义描写、纯朴的语言表达之上。

刘咸炘在其《诗评综》中引吴修龄曰："诗道不出乎变复。变，谓变古；复，谓复古。变乃能复，复乃能变，非二道也。

汉、魏诗甚高，变《三百篇》之四言为五言，而能复其淳正。盛唐诗亦甚高，变汉、魏之古体为唐体，而能复其高雅；变六朝之绮丽为浑成，而能复其挺秀……晋、宋至陈、隋，大历至唐末，变多于复，不免于流，而犹不违于复，故多名篇……宋人惟变不复，唐人之诗意尽亡；明人惟复不变，遂为叔敖之优孟。"他认为这段话"平允赅具"，超过了唐代皎然《诗式》中关于中国诗歌历史发展之"变"与"复"的论述。刘咸炘的态度是，诗歌的创作是对古代诗歌传统的继承，但绝对不是一成不变的沿袭，因为"一代有一代之统，不可沿袭古人"，"变复二者，恒相须而相联。复而不变，固失之滞，变而不复，亦无其事。盖事如循环，学如娠子，自二以下，变皆为复。三为二之变，即为一之复，四为三之变，即为二之复。每一复中必有不同于旧者，是仍变也，每一变中必有承之于前者，是仍复也"。这是一段十分精妙的表达，是作为哲人的刘咸炘对中国古代诗歌发展的哲理性概括，同时也透露了在创作诗歌时的价值选择。换言之，虽然在上文中已经指出，刘咸炘的诗歌创作继承了自《诗经》、杜甫、白居易、皮日休、王禹偁、梅尧臣、张耒、陆游一直到清代顾炎武、龚自珍的现实主义传统，但是，它们不是沿袭的结果，而是在"复"的基础之上的"变"，同时又是在"变"的基础之上的"复"的精神结晶。

刘咸炘已经概括了他的诗歌特点是"拙甚"（《推十诗·原叙》）。那么是什么因素导致了"拙甚"？

第一，刘咸炘认为："处今之世，闾里疾苦宜言者多，述民风亦所以充吾仁也。故当于四用，则诗之质立。"置身于当今的时代，言闾里疾苦，述民风民情，直接反映民生疾苦，就可以达到"四用"，这里的"四用"就是孔子的兴、观、群、怨。在诗歌创作中传达兴观群怨的精神，就是"充吾仁"，就是体悟仁学、弘扬道义的努力。只要在诗歌创作之中达到了兴观群怨的认识作用和欣赏境界，诗歌欣赏的时候就必然导致"质"的效果。刘咸炘的意思是，直接描述民生疾苦，就要把实际的情况写出来，要做到这一点就不能有任何的粉饰、装饰和文字上的"奇巧"，不能受到任何的牵绊，否则就不可能真正做到言闾里疾苦，述民风民情，直接反映民生疾苦。

> 枪声才发人已倒，蛇行田中啮青草。遥窥同伴强相呼，愿乞一枪令死早。前日街头驱入营，新装今已染赪腥。手护腰囊犹不释，临行领得钱三百。
>
> （《伤兵》）

> 一声惊呼头顶露，脑后何人攫帽去？车向东驰帽西飞，停车盗已无寻处。叩门有仆借牙牌，某街某宅夫人差。诘朝相见两惊愕，家无此仆空疑猜。世变翻新伦亦巧，得此能供几回饱？君不见，成都户口年年加，彳亍长街人岂少。
>
> （《巧偷行》）

> 去年腊月渝州城，大雨惊雷似初夏。今年成都雨水过，日照偏冻微霣下。气象有因虽可解，多年未见终堪讶。漫疑天道随世变，应知空气因人化。鱼腾每

至浑清池，昼晦何曾竟长夜。云开日出鸦雀喧，始信
春光本无诈。　　　　　　　　　　（《正月二十一日》）

从这三首诗中，我们不仅可以看到在兵荒马乱的年代士兵
低贱凄惨的命运，而且也看到了在礼崩乐坏的近现代成都，人
们彼此之间的诚信已经发生了前所未有的变化，道德的坍塌，
铤而走险的行径，以及人道之变导致的天道之变在诗人心中引
起的巨大悲凉！如果说，杜甫的《三吏三别》展示的是一幅历
史的画卷，白居易的《卖炭翁》《轻肥》揭露的是一种政治的
丑恶现象和尖锐的社会矛盾，那么，刘咸炘的诗歌在这里揭发
出来的则是中国传统文化坍塌的过程。不受诗歌体裁、字数的
限制，不受诗歌韵脚的约束，信手写来，直抒胸臆，没有任何
的雕饰和刻削之痕，直逼事物本身，质实得让人觉得亲临其
境，没有任何"奇巧"的成分。

第二，刘咸炘曰："风骨者，诗之本质也。"特别强调"诗
本教"，他欣赏诗歌的态度如此，创作诗歌的态度也是如此。
刘咸炘云："诗之衰弊，始自晚唐。意日益浅薄，体日益拘板，
而词采乃益浓晦，去本教益远。初学读则患其难解，作则只知
强凑。学益苦，而道情言志之趣味亡，遂使风雅之教，降为
书、画、琴、棋、篆刻之类，仅供士人闲赏之用，不复能普及
于浅学。"由此可见，刘咸炘接受了孔子的"诗教"为欣赏和
创作诗歌的最后归依。有诗为证云：

闭门三日雨，绕郭似平湖。矿野千膝失，高冈一
屋孤。穷檐谁馈食，多稼逐停汙。早听忧危堰，遥知

125

减沃区。避兵方壑转，患盗久田芜。水利官徒设，军需吏尚呼。视天犹若怒，百感付长吁。

（《二十五日作》之二）

处处逢樵皆健妇，山山有谷半梯田。路泥喜说前宵雨，崖露愁闻大树残。　（《青神东井研北山中》）

莽莽重冈瘠欲童，一丘独戴满头松。千行题字元明上，二水环城指掌中。荒谷何人赏奇石，贫僧见客似村农。当时乍见川原美，此日谁知杼轴空。

（《富乐山》）

刘咸炘擅长于歌行体。作为律诗，《二十五日作》之二，却是一首相当出色的诗作，且不说结构严谨，对仗工整，单表它直切时弊，入木三分的笔力，确实是十分到位。《富乐山》一首更是苍莽松壑，荒谷奇石，川原寥廓，万古虚空，油然有一种皈依佛门的惆怅掠过心头。刘咸炘在选编《风骨集》的时候曾经写道："吾前之主志事实近宋人，而于词格又偏向盛唐以前。今知明人之狭，而又不甘于宋人之碎。所好者乃在直而柔，易而厚，耐读而复耐看，览之即明而咀之不厌，庶几殷璠所谓文质相济，风骚两共者。"刘咸炘的这三首诗，初步看来都是信手写来，没有什么过人之处，但是细细品味，则是情感沉雄，意境开阔，具有深远的历史厚重感。

第三，刘咸炘云："诗之本固在古体。"为什么呢？因为古体诗相对于近体诗而言，更容易直切地表达思想。在《诗评

126

综》中刘咸炘引顾亭林云："《三百篇》之诗，句多则必转韵。魏、晋以上亦然。宋、齐以下，乃有强用一韵到底者，终不及古人之变化自然也。古人用韵，无过十字者，独《闷宫》之四章乃用十二字。使就此一韵引而伸之，非不可以成章，而于义必有不达。是知以韵从我者，古人之诗也；以我从韵者，今人之诗也。"也就是说，作为一种文学作品，它的作用首先是表情达意，因此一切妨碍表情达意的条条框框都应该服从于我的思想表达。这毫无疑问是非常正确的观点。

滔滔长江水，奔流下渝巫。中有乘流人，顺风更相呼。风萧江水寒，一去不复还。邻国遂为壑，毛虫嫁深山。劝君莫相呼，呼声动浮尘。漂漂泛桃梗，不如土偶人。　　　　　　　　　　　（《十九日又作》之二）

近山暗，远山明。前路阴，后路晴。白云大小灭旋生，如与游人为送迎。日从顶上予以热，风自旁来使之清。大风烈日长相争，游人颜色渐黄赪。旁观多笑游人苦，不道车夫汗如雨。　　　　（《绵油道中》）

剑南路，多古柏，垂叶交柯日能隔。后人种树懒于前，旧株渐减新不益。剑南路，尽石铺，横宽直密两可趋。今人修路勤于古，移去石级盛泥涂。君不见，石牛堡，路新治，雨后舁夫常惴惴，大呼谁何作恶詈。柳池驿，柏犹浓，伙夫行客忘爞爞，剑阁至今祠李公。古人笃实复宏大，事业常留千载外。今人建

127

设纷相夸，建设未闻闻破坏。　　　　（《剑南路》）

在写作的过程中，为了自由地抒写自己的思想，刘咸炘一再换韵，但是完全没有影响诗歌内容的表达，令人十分惊讶！诗歌作品随着韵脚的转换，诗歌的思想逐步地向前推进，峰回路转，在音韵上、思想上都产生了意想不到的效果。例如《十九日又作》之二，全诗前四句押"巫、呼"韵，第二个四句押"寒、还、山"韵，第三个四句又改押"尘、梗、人"，每一次换韵，都是诗歌思想的层级发生变化的标志。这不能不说是刘咸炘特立独行、不拘一格敢于突破世俗苑囿的一个表现。接下来的《绵油道中》《剑南路》也都是好诗，也是一再换韵，在音调韵律上，摇曳多姿，充分地体现了刘咸炘富有创造性的性格。

第四，就诗歌创作的语言来讲，刘咸炘的态度很明确："如须道民风，必用当时语言。"这个话现在看来，并没有什么特别之处。但他置身于"五四"运动这样十分特殊的时代，这就从根本上透露了刘咸炘对白话文运动的态度。刘咸炘从来没有反对过白话文，他说："白话文之起，辩难纷然，著文多矣，吾不与也。"刘咸炘并不想参与白话文的复杂论战，但是，他在《语文平议》一文中，通过语、文相分的讨论，指出了论战双方存在的问题，坚决反对"以文言为死的、贵族的，俗语为活的、平民的"的观点，站在中国文化传承的角度为汉语的"文"不是"死"的进行了辩护。关于诗词中的语文问题，刘咸炘说出了心里话，反映了他在诗歌创作中的主导思想："至于诗词，则本不避俗，其助词本与他文殊，非独尚质者。浅近易晓，即齐、梁温、李诸家，好襞积典故，傅陈彩色者，其词亦多俗语，与文不同。是知诗词通俗，乃是共相，浓淡华朴，其小别耳，不应又于其间分别文言俗语也。"所以，刘咸炘从来不写现代白话诗，与胡适之是完全相反的。但是，刘咸炘是完全赞同文体演变的，他还有专门的文章讨论这一问题。就诗歌发展而言，他说："大抵谓诗之由唐至宋，诗之变词，词之变曲，皆不可遏之势。日新月异，正是文章之妙。"《推十诗》中有很多非常通俗的古体诗。例如，上文所引的《新乐府·七十元》《新乐府·卖议员》《农家好》《绵油道中》等，都与白话诗歌相差无几，非常通俗易懂。像这样的诗歌作品还很多：

> 天可度，地可量，惟有人心不可防。本欲与君同散步，君翻诱我捉迷藏。捉迷藏，我不愿，即算全输亦无怨。

> 天可度，地可量，惟有人心不可防。本欲邀君亲戚会，君翻引我买卖场。买卖场，我不会，若觉徒劳休见怪。

> （《香山新乐府〈天可度〉篇首三句脍炙人口然诵者每以抒怨恶耳戏广其词则易为坦荡有预消怨恶之功焉二首》）

> 包谷包谷，包谷丰收米价缩。米价何不缩，军人都不吃包谷。快黄快割，棒客来了藏不脱。快割快

黄，官厅预征四年粮。　　　　　　　（《禽言二首》）

平白如话，与白话诗已经相差无几了。虽然它们与古典诗词有着深刻的联系，但是毕竟与古代的风格大不相同。由此可知，刘咸炘一方面在继承传统的精神，另一方面又在努力探索中国诗歌的出路。

第五，刘咸炘的诗歌之所以"拙甚"的一个最重要的因素，在笔者看来就是，诗歌创作追求的是作者要表达的思想，而不是刻意地去创造诗歌的意境。作为诗人的刘咸炘在创作诗歌的时候，绝对没有把创造诗歌的意境放在重要的位置，而是专注于思想的表达，直抒胸臆，不受任何既定形式、程式上的阻碍。

祁寒易取暖，酷热难致凉。我宁过三冬，不爱夏日长。有客愤然起，此言殊不公。富家厌骄阳，贫子愁烈风。春至身费减，秋来身费加。披裘享羊酒，不在蓬门家。冻死与渴死，其数相悬绝。但闻说饥寒，不闻说饥热。相彼禽与兽，吐舌向炎天。岂不苦多毛，赖以延其年。乌云忽当头，唯恐雨短小。雨久岂不好？穷巷有饿莩。　　　　　　　　（《苦热》）

幸脱秦坑人几个？风吹花种异荣枯。短衣楚制叔孙绞，发愤陈王孔甲愚。儒墨何凭定尧舜？孟荀空已辨征诛。幡幡一老操齐语，留作先民续命符。

　　　　　　　　　　　　（《前诗偶及伏生因咏之》）

《推十诗》中并不是没有写景抒情的诗作，但是，刘咸炘最得意的作品就是"读者能以潘、顾之绳墨绳墨我"，体现了顾炎武"天下兴亡，匹夫有责"精神的诗作。所以刘咸炘说："世所谓诗人必不喜吾诗，吾亦不敢以吾诗为真诗。""其诗异乎世所谓诗人之诗，盖目其学为诗，已异乎所谓诗人矣。"（《推十诗·原叙》）拿《苦热》来讲，其中的韵脚从常规的角度来讲，确实有很大的问题，但是，刘咸炘信手写来，思想表达却是十分到位。用对话的形式来描写社会阶级的对立，揭露是深刻的，批判是刻骨的，感情是充沛的，但是不押韵，至少押得不太连贯。但是，刘咸炘有自己的一贯性思想，他在《诗系·叙例》中写道："盖诗教之湮久矣。自仲伟之后，宫体既兴，华词大畅，虽亦清怨之流，已悖言志之旨。唐人上承陈、隋，拓径推澜，穷变极巧，比兴之意虽未全湮，志事有存实为希觏。已多务词而忘义，然犹存格以善词。宋人罕知义格，多只求词，纤巧饾饤，诗弊斯极……沿至于今，率尔者芜漫，伪执者纷淆。狂狷各趋一端，矫枉过直，乡愿阔论大略，无举无刺。守义爱词，各争奴主，寻章摘句，徒效儿童，大体不昭，气格或昧，歧途多舛，小子何述焉。"

面对衰世、末世，刘咸炘对于唐代以后的诗歌历史具有自己独特的看法，认为诗歌创作"宫体既兴，华词大畅"的状态已经背离了孔子的"言志之旨"。宋人纤巧饾饤，乡愿寻章摘句，更是诗弊已极！因此，刘咸炘提出了"无志何得为诗"的重要思想。他的诗歌创作在很大程度上正是要从上述的角度改变由来已久的"诗弊斯极"的状态。

梁启超说康有为是一个"先时人物",并且说:"凡先时人物所最不可缺之德性有三端:一曰理想,二曰热诚,三曰胆气。三者为本,自余则皆枝叶焉耳。先时人物者,实过渡人物也。其精神专注于前途,以故其举动或失于急激,其方略或不适于用,常有不能为讳者。"刘咸炘在诗歌领域所作出的各种探索,使他已经成为一个"先时人物",如果用理想、热诚、胆气三者来概括他,是完全不过分的。中国现代诗歌从其内在的发展理路上来讲,也是中国古代文学发展的必然结果,它们是人们不断探索、创新的产物。正是要从这样的角度,我们才能真正体会到刘咸炘诗既要抵制在诗歌创作领域的白话文运动,又要在古典诗词的范围内坚持人本主义的立场,坚持孔子的"诗本教"。

"桃花何夭夭,早开还早凋。"(《推十诗·行路难》)刘咸炘的一生正逢千年未遇的社会乱世,也是中国文化遭遇空前劫难的末世。因此,他的一生是迷惘的一生,探索的一生,更是过渡性的一生,创造性的一生。"苍茫旷野天容黑,茅屋孤灯火尚传"(《友人王亦潜蓝义宣表兄王养初从事军中延蓬溪老儒胡含三教其子随营设塾书来索纪助之辞率成六绝》),在"五四"运动风起云涌的背景下,能够不为时尚所动而坚守古典阵地,同时加大推重古典诗歌通俗性、批判性的力度,这确乎值得我们深入研究。

# 第 12 章

## 社会交往和学术影响

由于刘咸炘的一生较为短促，只活了 36 岁，相对于其他的思想家来讲，他的交往并不是很多。交往不多的真正原因在于他认为自己所处的时代是一个"末世"。

刘咸炘生活的时代，正值第一次世界大战前后，这场战争是欧洲历史上破坏性最强的战争之一。有六千五百多万人参战，一千多万人失去了生命，两千多万人受伤，在很大程度上，摧毁了当时广大中国知识分子对西方文化所抱的幻想。与此同时，中国国内军阀混战，田野荒芜，官吏腐败，盗贼横行，民不聊生，一片末世景象。诚如刘咸炘的诗歌所云："避兵方鳌转，患盗久田芜。水利官徒设，军需吏尚呼。视天犹若怒，百感付长吁。"从中国传统文化的角度上看到的现实世界，令他大失所望。

刘咸炘在世的时候，他的长子、次子已经出生。长子"名恒艺字伯谷"，次子"名恒甄字器仲"，刘咸炘诗云："名子以农工，意非如许行。末世贵恒职，不必愿公卿"。生逢乱世，吃饱用足就够了，不必飞黄腾达。也就是说，刘咸炘只能生活在古人中间："生涯说与秋风听，故纸堆中是故乡"（《自笑》）。一切的欢乐和幸福都在古人的书中寻找，只有在古人的著述之中，刘咸炘才能得到巨大的精神安慰："空庭绿满语声寂，独对陈编凝远思"（《即事》）。孤寂而不孤独，宁静而能致远——这才是刘咸炘没有走出四川，游历全国，没有寻求闻达的真正原因。

刘咸炘自述与外界学人的交往开始于 1926 年。他说："余年三十，而足不出百里间，所与游者，惟姻党及父兄门下，丙寅初教国学，始得新交数人。"1926 年，成都敬业书院设立的时候，创办人彭云生聘请蒙文通、刘咸炘、唐迪风等任教，刘咸炘时任哲学系主任。从此，或者更早，刘咸炘就陆陆续续结识了蒙文通、张尔田、唐迪风、吴芳吉、卢前、徐季广、彭云生、宋育仁等川内外学者。

与刘咸炘感情最真挚，交往最密切的是国学大师蒙文通（1894~1968），原名尔达，名文通。四川省盐亭县石牛庙乡人，是中国近现代历史上杰出的历史学家、国学大师。蒙文通与刘咸炘是世交，渊源深远。所以刘咸炘给蒙文通写的信件开头的称谓是："文通世仁兄鉴""文通世兄左右"。刘咸炘与蒙文通交往频繁的根本原因是他们有共同的专业旨趣和对中国传统文化的热爱。《推十书》中现存刘咸炘写给蒙文通的三封信。第一封写于丁卯九月，也就是 1927 年。这一年刘咸炘 31 岁，早就已经著作等身、誉享西蜀了。同年，蒙文通也已经出版了他的成名之作《古史甄微》。从这封信的内容上，可以看出两位国学大师彼此推重、欣赏。刘咸炘称道蒙文通的学问是"力猛量宏""邃学深思""所论乃是深入堂室之言"，还用了"空谷足音之感"的语句来形容他们之间的学问水平和学术交往。第二封信没有注明时间，第三封信写于庚午四月，也就是 1930 年。此时，蒙文通已经投身欧阳竟无门下研究佛教。这两封信论及四川当时的学风，还讨论了佛学以及程朱陆王等。用语直切，直奔主题。刘咸炘写道："承抄《廉吏传》，费神甚感。《六译丛书》现无售本，已托人代觅，觅得再寄。兹更有奉托之事，南京花牌楼中市南书店发行《图书馆学季刊》，请代买一份。自一卷一期起，至最近，并订一全年。又《钵山图书馆年刊》亦请买一份。"《廉吏传》是刘咸炘让蒙文通帮忙抄写一份。在今天看来，这是一件非常麻烦的事情。但是刘咸炘一点都不客气，蒙文通也完全不怕麻烦，真的就给刘咸炘抄写了一本，邮寄给刘咸炘。

蒙文通先生是刘咸炘诸多师友中最用心刘咸炘之学、最懂得刘咸炘之学、最尽力推介刘咸炘之学的知音。据粗略统计，现存蒙先生论著中，涉及刘咸炘多达十余处，鼓吹推介不遗余力。1946 年，蒙文通为华阳张君《叶水心研究》作跋时，写道："双江刘鉴泉言学宗章实斋，精深宏卓，六通四辟，近世谈两宋史者未能过之也。"1949 年，蒙文通为《盐亭县志》作跋，1951 年为《华西大学图书馆四川方志目录》作序，两次大力表彰刘咸炘地志之学。蒙文通说："迩者宥斋刘氏为《双流足征录》，所以补旧史之缺者，多至七卷，事丰旨远，数百年来，一人而已……斯宥斋识已骎骎度骅骝前矣，是固一代之雄乎?" 1958 年，蒙文通在《道教史琐谈》一文中，极力推崇刘咸炘道教研究："蜀究道家言者，余知惟刘鉴泉先生……刘著《道教征略》，精深博大。"蒙文通于 1935 年 6 月发表在《图书季刊》上的《评学史散篇》是推介刘咸炘的一篇力作。1931年 7 月，刘咸炘《学史散篇》成编，收录了五篇学术史论著。1935 年，蒙文通无意中在北京书肆见到此书。对刘咸炘这部重要著作，蒙文通的书评详于《唐学略》《宋学别述》而略于其余三篇。蒙文通说："五篇近万余言，蒐讨之勤，是固言中国学术史者一绝大贡献也。""双流刘咸炘先生年未四十而殁，著书已百余种，先生于宋、明史部集部用力颇勤，《史学述林》《文学述林》两著持论每出人意表，为治汉学者所不及知，张孟劬先生所称目光四射、如珠走盘，自成一家之学者也。"蒙文通与刘咸炘，是相互提携、关照的朋友，同时也是相互批评、修正的诤友。这种形式的友谊，情深意厚，实在是令人高山仰止。

另外一位与刘咸炘称得上挚友的是四川宜宾人唐迪风。唐迪风（1886~1931），名烺，又名倜风，字铁风。现代新儒家代表人物唐君毅之父。迪风著述甚丰，但是仅有《孟子大义》一书传世。1925 年，唐迪风赴南京学佛于宜黄欧阳大师。后返回成都，与彭云生、刘咸炘等共创敬业学院。刘咸炘与唐迪风，"交三年而迪风暴疾卒"。刘咸炘特别写了一篇《唐迪风别传》。他们交往甚欢，经常在尚友书塾，或者刘咸炘的家里高谈阔论。在尚友书塾，"则诸生皆惊而来环于座前"；"谈于余家，则诸童皆惊而来环于窗外。余亦变怯为勇，变简为繁，变默默为呶呶。迪风长身疏髯，声高而壮，其言多直致，不作步骤，不尚分析。其登讲席也，隔舍听之，若有所诃斥。人或轻之，谓非工于演说者。而余则觉其言多浑而警，足以使颓者起立也。迪风持论不尽与余同。余好道家，而迪风稍轻之。迪风诋慎子为乡愿，而余稍宽之。迪风宗象山，而余嫌象山太浑。若此小小者颇有之。余奉家学，不敢以骤进于迪风，迪风亦略不及。余作《三进篇》成，以示迪风，而迪风漫是之。余亦不复进论。至今以为遗恨。然当迪风与余高谈，则相争者一，而相应和者九"。由上面的引述我们知道，刘咸炘与迪风学术偏好并不全然相同，然而二人友谊却至为真诚，无话不谈，交往频繁，互为补充。刘咸炘的这篇《唐迪风别传》后经唐君毅编校，与欧阳竟无《唐迪风墓志铭》、唐君毅《〈孟子大义〉重刊记及先父行述》一起编入 1974 年出版的《孟子大义》一书卷首。

还有一位与刘咸炘堪称挚友的是四川江津人吴芳吉。吴芳吉（1896～1932），字碧柳，号白屋吴生，中国现代著名诗人，有厚重的《吴芳吉集》传世。吴芳吉对刘咸炘心悦诚服，彼此之间相知相惜。吴芳吉自称与刘咸炘"半友生半私淑之弟"，深信并笃行刘咸炘修德之说。吴芳吉去世不久，刘咸炘也接踵西归。二人志同道合，自相应和，在不同领域成就非凡，交相辉映。萧萐父称赞他们为"近世蜀学史上的双子星座"。关于吴芳吉，刘咸炘有《吴碧柳别传》一文收入《推十书》中。这篇文章写得非常沉痛。其文写道，吴芳吉与唐迪风均"虽皆不合时宜，而其世遇则异"，其中浇的是刘咸炘自己的块垒，更是写两位特立独行的精神风貌。文中评价吴芳吉不论是做人还是写诗，"乃不在于激昂，而在坚实；不在气，而在骨也"。

除此以外，刘咸炘还与张东荪的哥哥，中国近代词人、历史学家张尔田（1874～1945，字孟劬）同声相求，交往密切。大约是通过蒙文通的介绍，张尔田对刘咸炘的学术很了解，极为推崇。蒙文通《评学史散篇》写道："（刘咸炘的）《史学述林》《文学述林》两著持论每出人意表，为治汉学者所不及，张孟劬先生所称为目光四射、如珠走盘，自成一家之学者也。"晚清时期经内藤湖南、梁启超、胡适的鼓吹，国内推尊或承继章学诚文史的学者不乏其人。刘咸炘与张尔田是较早的响应者。张尔田之学源自章学诚而归于西汉今文经学，刘咸炘推十之学则私淑章学诚，又继承了刘止唐的穷理尽心之学，并且最终以儒家的心性之学为归依。二者不仅源流不同，宗旨归宿也有异。从哲学和思想的深度而言，张尔田是不能够与刘咸炘相提并论的。

戏曲史研究专家卢前（1905～1951），原名正绅，字冀野，江苏南京人，曾执教四川大学。刘咸炘《复吴碧柳书》写道：

"《风骨集》前劳审定，兹已印成，寄呈一部。《续集》近已写成，以只此一本，未便寄请审正，因与卢冀野商订。冀野世家子，资质殊佳，又无恶习，与弟论文，亦颇相契也。"由此可见，刘氏与卢氏彼此交往密切。在《推十诗》中，还有《题卢冀野罗兰度曲图》《初四日与迪风冀野谈于支机石公园旧作》《读卢冀野〈仇晚娘〉杂剧有感因再题度曲图》《评冀野五种曲》等诗歌作品作为证据。卢前也曾留意刘咸炘祖父刘沅的槐轩之学，卢前的《酒边集》有《槐轩学略》一篇。

四川省崇庆县人彭云生（1887～1966），名举，字云生。"彭云生先生工诗文、书法，其诗温厚典雅……他深于宋明理学，亦通释典。持身敬德，笃于实践。在成都创办敬业学院，擘画奔走，筹措经费，出力最大。学院成立，聘请唐迪风为院长，刘先生为哲学系主任，自身不居名职。"蒙文通曾经对吴天墀说："彭先生深藏不露，是最有学问和涵养的人。"刘咸炘《复蒙文通书》提及彭云生舍己为人、不辞辛劳的品德。其谓："倜风将归里，碧柳亦将去。云生劳劳，为人太多，诚如尊论龚定庵诗云。"刘咸炘与彭云生互相赏识，前者被后者选拔为敬业学院哲学系的主任，由此可见，彭云生与刘咸炘不是一般的关系。

最后值得特别一叙的是刘咸炘的学生徐季广。徐季广（1902～1941），名国光，又名利宾，字季广，成都人。季广早年受业于刘仲韬、刘咸炘，深受刘咸炘器重。尚友书塾毕业后负笈北上，与梁漱溟交往深厚。并且由此而后皈依佛门，成为居士。刘咸炘偏好儒家、道家，而徐季广专修佛学，师生旨趣不同，但是彼此感情深厚。季广天资聪颖，刘咸炘乃屡诫以藏拙；季广原名利君，无字，其字为刘咸炘亲命，而后季广竟以字行世；季广学成离川，仍与刘咸炘书信不断。《推十书》收录了刘咸炘回复徐季广的三封信。徐季广后来著有《推十书系年序录》，是一篇弘扬师学的力作。

钱穆（1895~1990）在其《中国史学名著》写道："章实斋在他当时及其身后，并不曾特别得人重视。近代学人大家都很看重他，但也仅是震于其名，而并没有去深究其实。四川有一位刘咸炘，他著作几十种，可惜他没有跑出四川省一步，年龄大概和我差不多。他每写一书，几乎都送我一部，但我和他不相识。抗战时期，我到四川，认识了他的父亲，而他则早已过世了。他死或许还不到四十岁。他是近代能欣赏章实斋，而来讲求史学的。可惜他无师友讲论，又年寿太短，不到四十就死。若使他到今天还在的话，定可有更大的成就。现在我手边没有他书，倘诸位方便，见到他书，应仔细翻看。"所以，钱穆看过刘咸炘的很多书，而且认为刘咸炘是深究实斋之学的专家。

内藤湖南在他的《章学诚的史学》中说："我本人最初读到《文史通义》《校雠通义》是在明治三十五年（1902）……那以后我又在大学等场合对章学诚的学问颇为鼓吹，致使其著作在日本也拥有了相当的读者。十几年前……中国有一位叫胡适的人还将我所作的年谱予以增订出版，由此章氏的学问亦引起了中国新派学者的注意。在此之前，中国治旧学的学者，如张尔田、孙德谦等人出于对章氏学风的仰慕也曾特别进行过钻研；而最近除胡适之外，又有出身于清华学堂的姚名达，以及四川学者刘咸炘等人，都能发挥章氏之学，各有著述公开发表。"这篇文章是内藤湖南于1928年在大阪怀德堂的演讲记录。据此我们知道，早在刘咸炘去世之前，他的学问已经为日本的内藤湖南所知。

柳诒徵著《国史要义》（1948），其《史识第六》认同梁启超怀疑进化论、刘咸炘"智进德退"之说。指出："有近人治史，多本进化论。盖缘西哲就生物之演变测人群之进步，而得此基本观念。治吾史者，准此以求，亦可以益人神智。然梁启超论研究文化史之问题，对历史现象是否进化，即生疑问。（《饮冰室文集》四十）刘咸炘论美人彻尼所举史律，谓道德常进亦常退，若以大概言之，宁谓智进而德退。（《治史绪论·史旨》）章炳麟著《俱分进化论》，谓善恶相缘并进，其说尤懿。"柳氏在《史德第五》中讨论了刘咸炘、梁启超对"史德"的诠释："世之诵习章氏之学者，似皆谓悟其所指。刘咸炘虽谓《史德》一篇最为精深，其所举敬恕二义，颇不易晓。敬即慎于褒贬，恕即曲尽其事情。（《治史绪论》）然未尝切究章氏所谓以此为史岂可与闻古人大体朱语。""章氏论德，固亦明于古人所言皆兼本末、包内外、合道德文章而一之。然曰临文必敬，非修德之谓（《文德篇》），则易使学者误认平时不必修德，而临文乃求其敬。此舍本而求末也。刘、梁二氏又皆就史言德，苟谛思之，吾人不欲为史家，即无须修德乎？故治史而不言德则已，言德则必究德之所由来，及其为用之普遍，而非曰吾欲为史家不得不正其心术。知此，则学者之先务，不当专求执德以驭史，而位宜治史以蓄德矣。"柳氏把刘咸炘与梁启超相提并论，则足见已经把刘咸炘视为大家了。

华中师范大学已故教授，著名历史学家张舜徽（1911～1992）生前在著述之中多次引用刘咸炘的成果，评价极高。例如，其著《史通平议》（1948）三引刘咸炘《史通驳议》，多次赞赏，并且引为"知几诤友"。其文曰："刘咸炘《太史公书知意》卷六曰：'传非专主于记人。龟策者，一术之称，与日者、货殖、游侠相同，不类象形之言，与儿童之见何异？凡传皆以事为经，人为纬。今本之无人名，乃非原本耳。若谓当与八《书》齐列，则日者扁仓皆当为书乎？'刘氏此言甚允，足为知几诤友。""刘咸炘《史通驳议》曰：'此皆知几以己之见高下之，苏、张传皆本《国策》，陈、项传本于《迁史》，非迁、固之所造，不足见迁、固之工。三、五本纪，采掇古书；日者、苍公、龟筴诸传，多叙术数；淮南、司马、东方传多载文词；亦知几所不喜。不知史以述为主，不以作为长也。马、班书佳篇甚多，知几皆不举，而独举此。浦氏（清代《通释》的作者浦起龙）以为癖，信矣。'刘氏斯议，切中知几偏激之病。""刘咸炘《史通驳议》曰：'此足见知几于史家铨配列传之法所见甚浅。老、韩同传，明道法之源流；董、袁合编，著争裂之原起。岂止如知几所言而已乎？若知几言，则诸史英雄同列者多矣。何不皆合之耶?' 刘氏此言，指斥知几轻于立论之失，甚中肯綮。"

武汉大学已故教授叶瑛（1896~1950），字石甫，安徽桐城人，所著《文史通义校注》（1948）是中国研究章学诚的必读专著。该书所涉近代学者，有章太炎、王国维、梁启超、刘师培、张尔田、孙德谦、胡适、钱穆、刘咸炘、姚名达、金毓黻、马一浮等家，其中，征引刘咸炘《文史通义识语》达四十一处，为诸家之冠，而且也有多处赞语。叶瑛在校注《文史通义》的时候，刘咸炘所校《志古堂刻本》为叶氏提供了众多方便。另外，叶瑛写作《文史通义校注》的时间是 1929~1948年，从叶氏多处征引《文史通义识语》，以及据 1925~1927 年成都志古堂刻本校补章氏文字等情况看，刘咸炘的校雠学早在民国时期已在学界产生了广泛的影响。

中国科学院图书馆《续修四库全书总目提要（稿本）》撰写的时间大致在 1927~1938 年之间，其中收录了杨树达、班书阁、孙海波三先生为刘咸炘著作撰写的提要稿六种。

杨树达（1885~1956）在《汉书知意》提要介绍刘咸炘的时候写道："马为通史，班为断代，体裁即异，事各有宜""非马优而班劣谓""班氏实为断代开山之祖"，诸说"所见颇卓，持论尤平"。而且肯定刘氏驳王懋竑、刘知几、刘子翚之说，"大抵于前人成说，纠班而误及誉班而凿者，皆一一辨明，颇为允当"。杨树达在《后汉书知意》提要又写道：刘咸炘论范晔合传之误"颇中其害，非肆意诋诃者可比。又征引前人之说，时加驳诘，亦颇有中肯者……平心论之，蔚宗之书，虽不逮马班甚远，要不失为良史。清代治史诸家考证文义者居多，专论史法者颇少，刘氏褒录成说，特为专书，立体既新颖可人，于读范书者亦实有裨，不失为佳著也"。得到国学大师这样的赞许，刘咸炘可以瞑目了。

近代史学家班书阁（1897～1973），河南杞县人，著有《中国近代史讲义》《中国史学概论》《五代史记注引用书考》《中国历史要籍介绍及选读》等。刘咸炘《太史公书知意》认为，凡治《史记》者，必先具辨真伪、明体例、挈宗旨、较班范四义。班书阁评论这部书的时候写道："于此四义反复阐述，极中肯要。"班书阁《治史绪论》提要对刘氏是书也多有褒奖之词。其谓："'史旨''读史'二节言史实即史识综合而成，读史有出、入二法，亦皆精到，不同凡响……全书以辅翼章学诚之说为最繁，而又参用西人学说，而又加以己见，故多至当之论。"班氏提要三种，尤推刘咸炘《史学述林》，谓该书卷三所录《史通驳议》《刘知几家学考》《宋史学论》三篇"论极精绝……考其全书，虽不免偏执之见，然在《文史通义》后论史之作，当推此编首屈一指矣"。

现代史学家孙海波（1909～1972），河南潢川人，擅长古文字学、目录学研究，著有《中国文字学》《侯殷文存》《魏三字石经辑录》《新郑彝器》《甲骨文录》《卜辞记》等。所作《子疏定本》提要十分详细。孙氏写道："刘氏为双流世家，屡世儒学，著作亦富，足与宝应刘氏媲美。此书共十四篇，不列卷目。全书考论诸子，颇多精义，于名、法、儒、墨皆有创发，亦蜀士中通人也……盖刘氏伏处偏方，而能于诸子百家，综其纲要，疏通证明，且戛戛独造，多具通识，诚难能可贵矣……综观全篇，体例谨严，考证精详，盖得力于章实斋校雠之学。至所论大抵以名、法、儒、道诸家研讨极深，兵、农诸子则多袭陈言，无大发明，然此书终不失治诸子之佳构也。"

四川籍哲学家，当代新儒家代表之一唐君毅（1909~1978），在其《中国文化之精神价值》（1951）中指出："至对中国文化问题，则十年来见诸师友之作，如熊十力先生、牟宗三先生之论中国哲学，钱宾四、蒙文通先生之论中国历史进化与传统政治，梁漱溟、刘咸炘先生之论中国社会与伦理，方东美、宗白华先生之论中国人生命情调与美感，程兆熊、李源澄、邓子琴先生之论中国农业与文化及中国典制礼俗，及其他时贤之著，皆以为可助吾民族精神之自觉。"唐君毅已经将刘咸炘与近代诸位大家相提并论了。

当代著名学者，历史学家庞朴写过一篇题为《一分为二 二合为三》的文章，专门研究刘咸炘的辩证法思想。庞先生是辩证法研究的大家，早年有过专门的辩证法专著，并且有深远的影响。庞先生根据《推十书·认经论》的附录《道家史观说》的内容和方法论指出，刘咸炘在知言论世、明统知类、执两用中、秉要御变的方法论上，"尤有特殊贡献，为中国近代思想史上不可多见的学术珍品"。又说："执一，执两、用中（得一），此所谓的人生三种态度，实际上包括了人们的全部世界观和方法论，以及三者之正反合的演进过程。其中最需注意认清辨明者，为执两之说。盖执两较之执一，能'多算一著'，有'矫正极端'之便，示人以高出一筹姿态，容易为浅尝者视为万能法宝；而忽略了执两尚有真假之分。应该知道，如彼乡愿之两可而不能御变，子莫之执中而不知权变，皆'似执两而非真执两'者也。其真执两者，实际上并不止于两，虽执两而知有超乎两者在，故能循相对以求绝对，'入第三之高级'，得老孔之正道，'超乎往复'而得一用中，合其两端而成为三极，真正识见宇宙的完美与真谛。"但是庞先生又说："刘咸炘已能指出中对两端的两有两不，并进一步指出中与两端为绝对与相对的关系，且引太极两仪作证，是十分可贵的成就；可惜他却忽略了，太极之与两仪，不是两有或两不所能单独解说清楚的，必须同时兼用包超，辩证施治，方才可以得其真相于窈冥。而兼用包超，既两有又两不，同时也就包超此两有与两不，而成为中的另一新形式即导的形式了。"这些话不是辩证法的专家是不可能有如此深刻的挖掘与分析的。庞朴先生有一次与笔者在武汉大学校园里散步，亲自对笔者说："刘咸炘是与张东荪、熊十力并驾齐驱的人物。"可见庞先生对刘咸炘的观察是深刻的，评价也是中肯的。

2011年3月底，台湾"中央研究院"副院长，普林斯顿大学历史学博士王泛森院士，从近代历史学研究发展过程的理路，在上海复旦大学作了一次题为《执拗的低音》的演讲，用刘咸炘"察势观风"的"风"，反思了王国维"两列火车对开"形成巨大的学术思想矛盾，不得不自杀的原因；进而用刘咸炘的"风"，批评了中国二十四史以及各种地方志编写的体例弊端，同时也批评了以梁启超为代表的近现代以来的历史进化论。王泛森院士的整个演讲认为，刘咸炘是中国"五四"新文化运动时期，主动从中国传统文化内部的资源中挖掘历史学研究方法，并且形成十分有效的史学著作撰述体例、研究体系的了不起的史学家。它是一种被边沿化，但始终坚决捍卫中国文化，不可忽视的"执拗低音"。从今以后，这种低音也许会引起我们全社会的高度注意，将来有一天，成为高音也未可知。这次演讲由著名历史学家葛剑雄教授主持，连续四讲，级别高，影响大，势必在未来产生更为深远的影响。

真正全力推动刘咸炘学术研究的学者是武汉大学教授萧萐父。在 1996 年给刘咸炘的影印本《推十书》作序的时候，时间已经过了整整六十年。萧先生在生命的最后几年里，以耄耋之年，克服多种困难，刻苦攻读，认真研究，仔细地阅读了模糊不清的影印本《推十书》，对《推十书》的思想把握得相当透彻。萧先生写道："《推十书》，乃英年天逝的天才学者刘鉴泉先生之重要遗著，是其所撰哲学纲旨、诸子学、史志学、文艺学、校雠目录学及其他杂著之总集，都二百三十一种，四百七十五卷。"全面介绍了刘咸炘的生平和家世，学术渊源和学术特点及其贡献。萧先生写道："（刘咸炘）无论宏观立论，或是微观考试，皆精核宏通，深造有得，就其所留学术遗产之丰厚，识见之高远，真不愧为'一世之雄'，而堪称 20 世纪中国卓立不苟的国学大师。"

萧萐父先生在其《吹沙二集》中发表了《刘鉴泉先生的学思成就及其时代意义》一文，从生平著作、学脉源流、哲思、史识、文心以及时代意义等多个方面对刘咸炘的思想作了全面性的总结。萧先生指出，刘咸炘"玄思独运，驰骋古今，所取得的学术成就最为突兀，堪称近世蜀学中的一朵奇葩"。萧萐父先生高瞻远瞩地指出："鉴泉先生之学，自是时代产物。只缘珠沉大泽，华光未显。他生当晚清，面对'五四'新潮及开始向'后五四'过渡的新时期。中西文化在中国的汇合激荡，正经历着由肤浅认同到笼统辨异，再向察异观同求其会通的新阶段发展。《推十书》中主要论著，大都反映了这一主流文化趋势，且慎思明辨，不随波逐流，通过中西古今文化的异同对比，力求探索其深层义理的会通，找到中西哲理范畴可能交融互补的契合处。'外之既不后于世界之思潮，内之仍弗失固有之血脉，取今复古，别立新宗'（鲁迅语）。'五四'以来，西化狂潮与复古逆流的交相冲击下，确有部分学者，独立不阿，既深研国学传统，又敏求域外新知，自觉地作过这样的努力，力求会通中西，熔铸古今，缔造出具有现代性的中国化的新思想体系。这应当是'后五四'时期新文化主潮之一。鉴泉先生僻处西蜀，独力探索，虽志业未竟，而心路历然。其学思成就（幸有《推十书》传世）的理论价值与时代意义，必将得到海内外学林应有的重视。"随着目前学界刘咸炘学术思想研究的不断深入，事实已经越来越证明萧老先生的论断是正确的。

在萧老先生的晚年，还写过一篇题为《刘鉴泉先生〈道家史观说〉述评》的发言提纲，在江西龙虎山道教研讨会上发表过演讲。该文从方法论的角度对刘咸炘进行了五个方面的总结。第一，开宗明义，自立学纲。第二，由道家的起源论及道家与史官、天官三者的关联，实质上是讲"时""数""变"皆天道之"自然"。第三，道家学术之大要及其方法论。由道家"观变"而主"退让""静因""无为"；由"得两"而生"知几""知时"，二者相融而任天圆道，天道好还。第四，道家的历史定位。第五，在传统文化中道家思想与民族性格。萧老先生在这个提纲中从道家哲学的角度探索了刘咸炘察势观风方法论的来源，可谓独具慧眼。

刘咸炘成果卓著而英年早逝，著作等身而珠沉大泽。这是我们民族的悲哀，也是我们时代的不幸。但是我们相信，刘咸炘的研究时代正在到来。刘咸炘作出的贡献，终究会昭示于天下，泽被学林。

# 附　录

## 年　谱

1896 年　出生于四川成都南门纯化街一个影响卓著的书香之家。

1901 年　时每日观察鸡群，开笔，仿《史记》作《鸡史》。

1903 年　从其兄刘豫波先生学，不久即辞教于先生之父子维先生，并说：
　　　　　"四弟所提问题辄博而深，我不能胜其任。"

1916 年　参加明善书塾（尚友书塾前身）的教学工作。任尚友书塾塾师。

1926 年　先后任敬业学院哲学系主任及成都大学、四川大学教授。在成都
　　　　　大学开《目录学》课。

1932 年　8 月 9 日，因染疾不幸遽世，享年三十六岁。

## 主要著作

《推十书》，成都古籍书店 1996 年影印本。

《推十书增补全本》，为 2009 年上海科学技术文献出版社出版的图书，
其中包括刘咸炘先生主要著述有：

　　总叙纲旨的有《两纪》《中书》；

　　辨天人之微，析中西之异的有《内书》《外书》；

诸子学著作有《左书》知言，如《孟子章类》《子疏》《学变图赞》《诵老私记》《庄子释滞》《吕氏春秋发微》；

史学著作有《右书》论世，如《太史公书知意》《后汉书知意》《三国志知意》《史学述林》《学史散篇》《缙史记》《蜀诵》《先河录》；

关于校雠目录之学，则有《续校雠通义》《目录学》《校雠述林》《校雠丛录》《内楼检书记》《旧书录》《旧书别录》；

关于文学的著作，则有《文心雕龙阐说》《诵文选记》《文学述林》《文式》《文说林》《言学三举》《子篇撰要》《古文要删》《文篇约品》《简摩集》《理文百一录》《诗评综》《诗本教》《诗人表》《一饱集》《从吾集》《风骨集》《风骨续集》《三秀集》《三真集》《长短言读》《词学肆言》《读曲录》；

书法专著有《弄翰馀渖》；

论说治学门径的著作有《学略》《浅书》《书原》《论学韵语》《治记绪论》《治史绪论》。

# 参考书目

1.《诸子集成》（全八册），中华书局，1954 年。

2.〔宋〕张君房编：《云笈七笺》（全五册），中华书局，2010 年。

3.〔宋〕张载：《张载集》，中华书局，1978 年。

4.〔宋〕陆九渊：《陆九渊集》，中华书局，1980 年。

5.〔明〕王阳明：《王阳明全集》（全六册），上海古籍出版社，2011 年。

6.〔清〕阮元校刻：《十三经注疏》（全五册），中华书局，2009 年。

7.〔清〕刘沅：《大学恒解》，光绪十年豫诚堂镌本。

8.〔清〕刘沅:《中庸恒解》,光绪十年豫诚堂镌本。

9.〔清〕刘沅:《论语恒解》,光绪十年豫诚堂镌本。

10.〔清〕刘沅:《孟子恒解》,光绪十年豫诚堂镌本。

11.〔清〕刘沅:《周易恒解》,光绪十年豫诚堂镌本。

12.〔清〕刘沅:《正讹》,光绪十年豫诚堂刻本。

13.〔清〕刘沅:《子问》,癸亥春平遥李氏刊本。

14.〔清〕刘沅:《又问》,癸亥春平遥李氏刊本。

15.〔清〕刘沅:《拾余四种》,庚午致富楼重刊本。

16.〔清〕黄宗羲:《明儒学案》(上下),中华书局,1985年。

17.〔清〕章学诚:《文史通义》,上海古籍出版社,2008年。

18.〔清〕龚自珍:《龚自珍全集》,上海人民出版社,1975年。

19.〔清〕戴震:《孟子字义疏证》,中华书局,1961年。

20.〔清〕皮锡瑞:《经学通论》,中华书局,1954年。

21.〔清〕王先谦:《庄子集解》,中华书局,1954年。

22.〔清〕焦循:《孟子正义》(上下),沈文倬点校,中华书店,1987年。

23. 冯天瑜、何晓明、周积明:《中华文化史》,上海人民出版社,2010年。

24. 郭齐勇:《中国儒学之精神》,复旦大学出版社,2009年。

25. 郭齐勇:《熊十力哲学研究》,人民出版社,2011年。

26. 高明:《帛书老子校注》,中华书局,1996年。

27. 贺麟:《文化与人生》,上海文艺出版社,2001年。

28. 胡适:《中国哲学史大纲》,岳麓书社,2010年。

29. 黄寿祺、张善文:《周易译注》(上下),上海古籍出版社,2004年。

30. 胡治洪:《儒哲新思》,中华书局,2009年。

31. 金岳霖:《论道》,中国人民大学出版社,2005年。

32. 季羡林：《季羡林学术精粹》（第一卷），山东友谊出版社，2006年。

33. 梁启超：《清代学术概论》，上海古籍出版社，1998年。

34. 梁漱溟：《东西文化及其哲学》，商务印书馆，1999年。

35. 李泽厚：《中国现代思想史论》，生活·读书·新知三联书店，2008年。

36. 林毓生：《中国传统的创造性转化》，生活·读书·新知三联书店，1988年。

37. 蒙文通：《儒学五论》，广西师范大学出版社，2007年。

38. 蒙文通：《先秦诸子与理学》，广西师范大学出版社，2006年。

39. 蒙文通：《经学抉原》，上海人民出版社，2006年。

40. 钱穆：《先秦诸子系年》，商务印书馆，2001年。

41. 唐君毅：《文化意识与道德理性》，广西师范大学出版社，2005年。

42. 唐君毅：《人生之体验》，广西师范大学出版社，2005年。

43. 唐君毅：《生命存在与心灵境界》，中国社会科学出版社，2006年。

44. 唐君毅：《中国哲学原论》（原性篇上），中国社会科学出版社，2005年。

45. 唐君毅：《中国哲学原论》（原道篇上下），中国社会科学出版社，2006年。

46. 萧萐父：《吹沙集》，巴蜀书社，2007年。

47. 萧萐父：《吹沙二集》，巴蜀书社，2007年。

48. 杨伯峻：《论语译注》，中华书局，1980年。

49. 杨伯峻：《孟子译注》，中华书局，1962年。

50. 余英时：《中国思想传统的现代诠释》，江苏人民出版社，2003年。

51. 章太炎：《国学讲义》，海潮出版社，2007年。

52. 章太炎：《国故论衡》，商务印书馆，2010年。

53. 张岱年：《中国哲学大纲》，江苏教育出版社，2005 年。

54. 张岱年：《中国古典哲学概念范畴要论》，中国社会科学出版社，1989 年。